井本館

トローブリッジ・アンド・リヴィングストン事務所

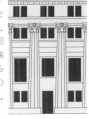

で到達する巨大なコリント式のジャ
ント・オーダーが、圧倒的な迫力を
アメリカの建築家が設計しており、
で流行した新古典主義（ギリシア回
デザイン）になっている。左右の端
柱に対し、中央の4本は円柱の膨ら
持ち、立体感をもたらす。下部の
ィメント（三角の破風）の配置も、
性の強調に貢献している。

帝国製麻・大栄不動産旧本社ビル

（現存せず）｜辰野金吾

駅や日本銀行を手がけた辰野の建築。
瓦と白い石を組み合わせた彼らしい
だが、細長い敷地にあわせて構成さ
橋のたもとの隅部を強調すべく、
が並ぶ多角形プランの塔状ヴォリュー
階段室）を分節し、小さなドームをの
日本橋川に面するファサードには、
コニーが並ぶ。橋や川を意識した絵
るデザインだった。

解体前

本橋御幸ビル ＊再開発に伴う解体により見学不可

｜日建設計

長一が設計した古典主義の旧村井銀
913）の建て替えであり、ビルの随所
去の残像を散りばめた。一部をつく
おしながら、もとの南側の入口をと
けたのが、東北側の破風をのせた通
関。その右手の3本の列柱は旧建築を
したもの。他にも玄関ホールでは過
の持ち送り、中庭では円柱、屋上で
摺子を再利用している。

東北側通用玄関

本橋髙島屋 S.C. 本館

3｜髙橋貞太郎（新築）、
藤吾（増築）

趣味のデザインという条
ついたコンペで設計者が
れた。帝冠様式と違い、
の屋根はないが、三層構
古典主義的な外観や内部空間の細部に日本建築のモチー
散りばめ、和風アール・デコというべき意匠を持つ。
、東側にガラスブロックを効果的に用いつつ、村野藤
個性的な造形感覚を生かした増改築が段階的に行われた。

❹ コレド室町1・2・3

2010－2014｜
キテクト・デザイン

JN077043

単体の開発にな
な日本において
らしく複数のと
路を関係づけ、
統一感を実現したプロ
ジェクト。團紀彦が
マスターアーキテクトを
担当し、道路沿いの低
層部は31mのスカイラ
インにあわせ、立面の
三層構成に古典主義の
列柱の感覚を反映させ
る。また外構も工夫を
凝らし、時間帯によっ
て歩行者専用となる仲
通り、歴史ある神社の
社殿の再建や広場が整
備された。

コレド室町2入口前

⓫ 東京日本橋タワー

2015｜日建設計

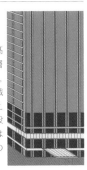

全体の高さは約180mだが、基壇部は髙
島屋の高さ31mに揃え、その上に高層
の部分がのり、腰巻ビル風の外観を持つ。
日本銀行や日本橋など、石の建築を意識
し、石の格子によって重厚な表情を与え
る。また地上には大屋根がある広場を設
け、そこに面した和紙の老舗、榛原（は
いばら）の新店舗は、伝統的な色硝子の
パターンをファサードに用いている。

⓮ スターツ日本橋ビル

1989｜坂倉建築研究所

矢部又吉による旧川崎銀行本店（1927）
の断片を、室内外で自由に再構成したポ
ストモダン的なビル。エディキュラ（小
祠）風の玄関は、メダイヨンを再利用し
つつ、もとの正面中央を写し、円柱群で
は付柱の1／2柱頭を合体させた。以前
は2階にあった開口や腰壁は、1階の外
壁に象嵌している。なお、旧建築の壁の
一部は明治村にも移築された。

［解説］五十嵐太郎 ［イラスト］菊池奈々

装飾をひもとく
日本橋の建築・再発見

五十嵐太郎 Taro Igarashi / Yuko Sugeno 菅野裕子

青幻舎

装飾をひもとく ～日本橋の建築・再発見～

会　期	2020.9.2（水）～2021.2.21（日）　月・火曜日休館	
会　場	髙島屋史料館TOKYO	
	東京都中央区日本橋2-4-1	
	日本橋髙島屋S.C.本館 4階展示室	
主　催	髙島屋史料館TOKYO	
監　修	五十嵐太郎	
協力機関	京都工芸繊維大学美術工芸資料館	
	スターツコーポレーション株式会社	
	住友不動産株式会社	
	大栄不動産株式会社	
	有限会社 辰野武山建築設計事務所	
	日本銀行金融研究所貨幣博物館	
	一般社団法人 日本建築学会（図書館・建築博物館）	
	野村ホールディングス株式会社	
	東京大学経済学図書館	
	東北大学大学院工学研究科 都市・建築学専攻 五十嵐太郎研究室	
	三井不動産株式会社	
	株式会社 三越伊勢丹ホールディングス	
	ミヅマアートギャラリー	
	株式会社 御幸ビルディング	
協 力 者	一色智仁、長田実穂、菊地尊也、菊池奈々、小島浩之、	
	周 穎琦、菅野裕子、関口かをり、髙橋知里、髙橋 響、	
	辰野智子、辻 久喜、三島 隆、元山乃行、山田真貴子	
	（敬称略、五十音順）	

　2020年の夏に開催される予定だった東京オリンピックと同様、ギリシアを起源として世界に広がり、今なお影響力を持つものがある。古典主義の建築だ。これはローマ帝国に受け継がれ、広大な領土に遺跡を残した後、さらにルネサンスの時代に復興し、20世紀後半もポストモダンの時代に注目された。現在の東京において、古典主義の風格を強く感じられるのは、日本橋のエリアだろう。そこで本書は、近代から現代までの日本橋の建築群を改めて詳細に観察する。

　全体は4章の構成をとる。第1章「様式の受容」は、主に日本銀行と三井本館を通じて、そもそも古典主義とは何かを紹介する。前者はヨーロッパ、後者はアメリカを経由して、日本に導入された。続く第2章「和風の融合」は、洋風の建築に組み込まれた日本的な意匠を検証する。髙島屋は、和風を加味したアール・デコ的な建築である。消費への欲望を喚起させる百貨店の意匠は、華やかさとモダンの両方が求められる。モダニズムと違い、装飾を否定しないアール・デコは、百貨店と相性が良い。実際、アール・デコの意匠は、モダニズムと様式建築の中間として位置づけられる。第3章「現代への継承」は、都市のレガシーを引き受け、日本橋に登場した現代建築を概観する。そして最後の第4章「百貨店の建築展」は、趣向を変えて、百貨店の中に仮設的に登場した小さな建築というべき百貨店における建築展とその会場デザインに焦点を当てた。

　すなわち、日本橋の髙島屋を起点としながら、空間のエリアを広げ、中央通り沿いに建築の装飾をひもとくこと、ならびに時間をさかのぼって、百貨店内の建築展を振り返ることが、本書の目的である。

第1章 様式の受容

　明治以降、日本に西洋の建築様式が入り、数多くの近代建築が建てられた。その1つである日本銀行本店本館（1896）は、辰野金吾により設計された明治期を代表する建築である。その隣には三井本館が建つが、これはトローブリッジ・アンド・リヴィングストンというアメリカの事務所の設計により、1929年に竣工した。これらはどちらも、古代ギリシアの神殿を起源とする古典主義という様式によるものである。

　この様式は、柱上部（柱頭）のデザインが特徴的だが、それだけでなく柱を中心として建築全体を統合する規則を持ち、柱と上部の水平材との比例関係から小さな装飾に至るまで詳細に定められる。とはいえ、この様式による建築がどれも画一的なデザインになってしまうことはない。なぜなら、2000年以上にわたって数多くの作品が生み出されるなかで、この様式は表現の幅を広げてきたからである。そのことは、この日本銀行と三井本館の2棟を比較してもよくわかるだろう。この2つの建築は、偶然にも同じコリント式の大オーダーを用いるが、実物を見比べればその外観のいくつもの違いに気づかされるはずだ。その違いからは、古典主義様式の構成や表現におけるバリエーションを読み取ることができる。

　この2つの建築は、設計者のバックグラウンドにも違いがある。辰野はイギリスで学んだ明治最初期の日本人建築家であるのに対し、トローブリッジ・アンド・リヴィングストンはアメリカン・ボザールの一翼を担った設計事務所だっ

た。隣り合って建つこの2棟は、両者の個性を互いに際立たせながら、古典主義デザインの幅広い表現を示している。

　日本銀行本店本館では、コリント式大オーダーは上層の2、3階にのみ用いられ、下層の1階部分の壁面は石積み仕上げとされている。このような2層構成は、辰野が直接参照したベルギー国立銀行と共通するものだが、もともとはルネサンス期のイタリアの邸宅にみられ、続いて多くのフランスの宮殿建築でみられた。これまで指摘されていなかったが、アイルランド国立図書館・博物館（1884）には、この2層構成以外にも、日本銀行本店本館との多くの類似性がみられる。一方、柱頭における簡素化された葉の表現や渦巻のディテールからは、オリジナルのコリント式柱頭を自らデザインしようという設計者の意欲がうかがえる。これに類似する柱頭のデザインは、イタリアの建築家パラーディオの作品にもしばしばみられるが、辰野がパラーディオの影響の強いイギリスに学んだという関係性は興味深い。

　三井本館では、日本銀行本店本館のような2層構成はなく、コリント式の大オーダーが1階から立ち上がっていることで、古代の神殿に本来備わっていた壮麗さがよりいっそう発揮されている。ただし、ファサードが重ね合わせられたような立面構成には、古代の神殿にはなかった複雑さが備わっている。また、巧みに変形された柱礎の輪郭からは、古典主義を得意とした設計事務所ならではの手腕が見受けられる。

　ところで、これらはどちらも正統的な古典主義様式のものだが、辰野は日本銀行を設計したのちに、古典主義の意匠をより自由にアレンジした建築を多く手がけるようになった。煉瓦の赤と石材の白の対比を基調とするもので、一般にはこれらのほうが辰野らしい作風とされている。かつて日本橋のたもとに建っていた帝国製麻（1915）もその1つであり、丸窓やドームなどに日本銀行との共通点がみられる。

日本銀行本店本館

1896｜辰野金吾

　日本近代を代表する建築家辰野金吾により設計された、本格的な古典主義様式の建築。正面中央にドームを持つ主屋の左右から、翼部が前方に張り出し広場が形成されるが、その空間を閉じこめるように前面に壁面が立ちふさがる。この閉鎖的な構えは特殊だが、市民に開かれた一般の銀行とは異なる、日本銀行の性格が体現された形と考えると理解できるものだ。辰野はこの建築の設計のためヨーロッパを視察したが、たとえば、低層壁面の石積み仕上げや、上層の双柱とペディメントには、現地で参照したベルギー国立銀行との共通性がみられる。その一方で、コリント式柱頭のディテールからは、自らオリジナルの造形をデザインしようという、設計者の意気込みが伝わってくるようだ。全体から細部にいたるまで、デザインのバランスにもよく配慮されており、日本人による最初期の古典主義建築の1つの到達点をみせている。

古典主義建築の3つのオーダー

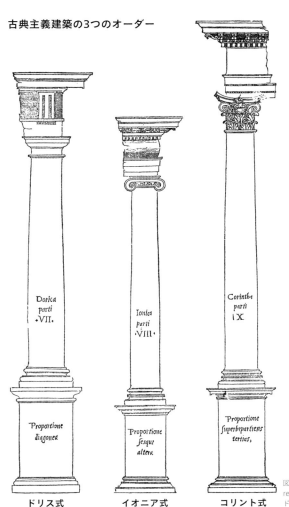

ドリス式   イオニア式   コリント式

図版出典：Serlio: L'Architettura, IV, Venezia, repr., Polifilo, 2001 (5つのオーダーの図より、ドリス式、イオニア式、コリント式の部分)

ドリス式柱頭

ヴィニョーラによるドリス式柱頭
の図より（部分）

図版出典：Vignola: La Regola delli Cinque
Ordini d'Architettura, 1562)

コリント式柱頭

ヴィニョーラによるコリント式柱
頭の図より（部分）

図版出典：Vignola: La Regola delli Cinque
Ordini d'Architettura, 1562)

日本銀行本店本館のオーダー
（ドリス式とコリント式）Ⓐ Ⓑ

古典主義の3つの主要なオーダーのうち、
日本銀行本店本館では、1階にドリス式、
2、3階の大オーダーにコリント式が使われている。

＊複数の階を貫く柱

日本銀行本店本館のオーダー

ドリス式：1階

コリント式：2、3階

エンタブレチュア

柱頭

柱身

柱礎

柱台

エンタブレチュア

柱頭

柱身

柱礎

柱台

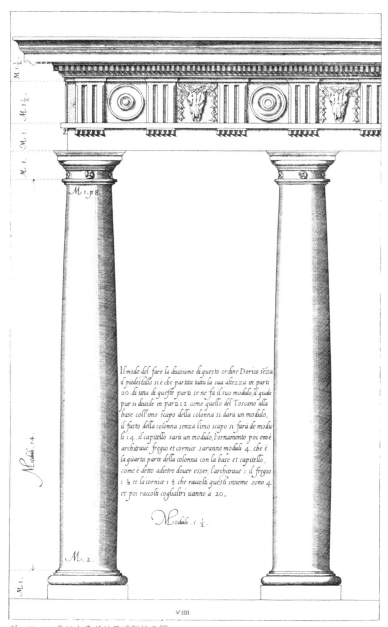

ヴィニョーラによるドリス式列柱の図

図版出典：Vignola: *La Regola delli Cinque Ordini d'Architettura*, 1562

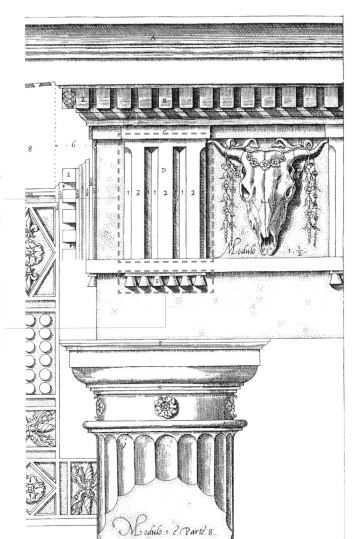

トリグリフ

ドリス式オーダーのエンタブレチュアにある矩形の装飾。縦：横が3：2の矩形で、縦に2本の筋がある。左右の両側面は面取りされている

グッタエ

ラテン語で「滴、玉粒」を意味する。一般的には、小さな三角形（もしくは三角錐）が6つ横に並ぶ形でつくられる。これは、トリグリフ（＝梁端部）を下から刺して固定する、木栓のような部材をかたどっていると考えられる

ヴィニョーラによるドリス式柱頭とエンタブレチュアの図（部分）
図版出典：Vignola: *La Regola delli Cinque Ordini d`Architettura*, 1562

ドリス式エンタブレチュアの装飾について

古典主義の3つの主要オーダーのうち、ドリス式オーダーにのみ、トリグリフという矩形の装飾とグッタエという三角形状の装飾が、エンタブレチュアに存在する。

日本銀行本店本館

日本銀行本店増築部
長野宇平治設計による増築部では、本来のグッタエの形である6つの三角形がつくり出されている。

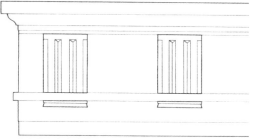

日本銀行本店本館本館では、グッタエの三角形が、一体化した帯のようにつくられている。ただし、左右両辺は垂直ではなく、(グッタエのように)斜めにつくられている。

日本銀行本店本館のグッタエ

日本銀行本店本館1階のエンタブレチュアには、三角形が一体化しためずらしい形状のグッタエがみられる。

『辰野金吾滞欧野帳』より（部分拡大）

ヴィットリオ・エマヌエーレ II 世像台座（トリノ）

『辰野金吾滞欧野帳』より

辰野のディテール表現1

　日本銀行本店本館のグッタエはひと連なりの帯となっている。これによく似た表現は、『辰野金吾滞欧野帳』でも、ヴェルサイユの庭園の門のスケッチにみられるが（写真左・右上）、実際のこの建築のグッタエは標準的な形をしているので、スケッチでの表現はあくまでもディテールを省略したものだった。ただし、このような表現は、ヨーロッパの実例にもまれにみられることはある（写真右下）。

　それに対して、日本銀行本店本館のグッタエの表現とは、トリノの例のように単に

ディテールを簡略化させることだけがその目的だったのだろうか。この建築では、グッタエが単純化されているだけでなく、トリグリフ自体も溝が浅いため、一瞬、目がかすんだかと錯覚させるような独特の効果が生まれている。また、その一方で、この壁の向こう側に広がる中庭では、トリグリフがなく一部にボルトがみられる（p.061参照）。これらをあわせて、エンタブレチュアにおける一連の表現としてとらえることはできるだろう。だとすれば、ここにみられるグッタエの表現にも、単なる省略以外の意図を考察する余地はあるかもしれない。

ジョン・ソーンにより、英国ロイヤルアカデミーのために描かれた図

図版出典：*John Soane Architetto*, a cura di Margaret Richardson e MaryAnne Stevens, Skira, 2000

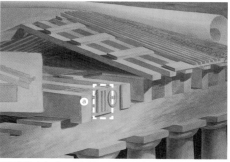

図版出典：*John Soane Architetto*, a cura di Margaret Richardson e MaryAnne Stevens, Skira, 2000

ポセイドン神殿（パエストゥム、紀元前460頃）

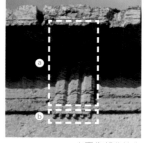

上画像部分拡大

トリグリフとグッタエの起源と詳細

古典主義建築のデザインには、
かつて木造建築だったときの名残と考えられる形状がみられる。

16世紀に描かれた、木造によるドリス式オーダーの詳細図（部分）

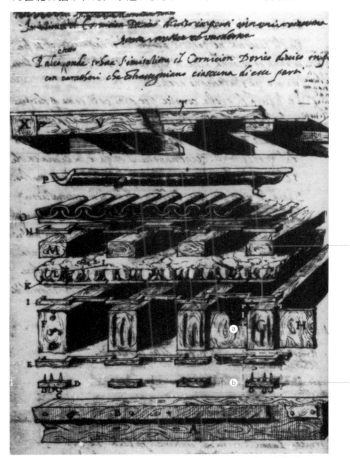

ⓐ トリグリフは縦に2本の溝が彫られ、左右の両側面も面取りされているが（p.013）、それはこの図のような木材端部の水切りと考えると理にかなった形である

木造の梁の先端が露出していると、導管を伝って雨水がしみこみ建物が傷むが、縦に切り込みを入れれば水はけが良くなり、建物が傷むのを防止する効果がある

ⓑ この図では梁を固定するために、下から木栓のようなものが差し込まれている。これが小さな三角形のグッタエとなったと考えられる

ドリス式エンタブレチュアの装飾であるトリグリフは、木造建築だったときの梁の先端の形をかたどったものと考えられる。木造だったころの遺構は残されていないが、その姿は後世に古典主義の細部の形を観察することによって考察されてきた。

図版出典：Gherardo Spini, *I tre primi libri sopra l`instituzioni de`Greci et Latini architettori intorno agl`ornamenti che convegono a tutte le fabbriche che l`architettura compone* (*Il disegno interrotto: trattati medicei d`architettura*, a cura di F. Borsi, C. Acidini, D. Lamberini, G. Morolli, L. Zangheri, Gonnelli, 1980, n. 2)

アバクスの中央は5枚の花
びらを持つ花で飾られる

渦巻とアバクスとの間には小
さな葉飾りが挟み込まれる

柱頭の芯の緑がみえている

渦巻は溝を持たない

渦巻は大きい中心を持つ

渦巻の根元の茎

葉の先端が尖端は薄くな
らずに厚みを保ちながら
前面に折れ曲がっている

ⓐ **アバクス**
柱頭の最上部に位置する
平たい頂板。

ⓑ **渦巻**
2段目の葉の間から生える
茎から伸びている。

ⓒ **葉飾り**
3段の葉で飾られる。葉の形は、輪郭がひとつ
ながりで滑らかな曲線を描き、裂片を持たない。
表面には水平の葉脈が彫られている。

日本銀行本店本館のコリント式柱頭の特徴Ⓑ
日本銀行本店本館の大オーダーのコリント式柱頭は、
アバクスと渦巻と、ディテールが簡素化されて
平らな形につくられた3段の葉飾りから構成されている。

日本銀行本店本館のコリント式
柱頭

サンタ・マリア・デッラ・パーチェの
中庭の柱頭（ローマ、16世紀）

『辰野金吾滞欧野帳』より（オルレ
アンのオテル・カブ西面ファサー
ドの3階部分と思われる）

辰野のディテール表現2

　日本銀行本店本館のコリント式柱頭の葉は、完全には平らで
はなく、中央脈が立体的にかたどられ、水平の葉脈が彫られて
いる（写真左上）。これに似た例としては、たとえば、ロッ
ジア・ルチェッライ、サンタ・マリア・デッラ・パーチェの中
庭（写真右上）などにも、浅い葉脈を彫られた例がみられるが、
どちらも日本銀行本店本館とは異なり、水平ではなく斜め上方
を向いている。また、これらのいずれより、日本銀行本店本館
のものは「立体的」であるので、その表現の目的は必ずしも
「平ら」にすることではなかったのかもしれない。

　なお、似たようなデザインの平らな葉は日本銀行本店本館内
部の客溜吹抜け上部や、旧京都支店の吹抜け内部にもあるが、
こちらは表面もまったく平らにつくられている。また、『辰野
金吾滞欧野帳』には、葉の姿や先端の丸みの形が日本銀行本店
本館のものとよく似た、コリント式柱頭の素早いデッサンがみ
られる（左下図版）。

レリーフを持たないペディメント

レリーフを持たないフリーズ

ディテールが簡素化された柱頭

溝彫（フルーティング）のない柱身

日本銀行本店本館のコリント式柱頭

簡素化された柱頭のデザインは、
建物全体とも調和する Ⓑ

日本銀行本店本館のコリント式柱頭にみられる
簡素な表現は、この円柱の溝彫のない柱身や、
レリーフ装飾のないペディメント*やフリーズとも、
バランス良く調和している。

＊西洋の古典建築および古典主義建築における、
切妻屋根の破風の三角形の部分

コロッセウム（ローマ、紀元後1世紀）

サン・ジョルジョ・マッジョーレ
（ヴェネツィア、16-17世紀）

パラッツォ・ルチェッライ（フィレンツェ、15世紀）

簡素化されたコリント式柱頭の例

コリント式柱頭の葉飾りのモチーフは一般的には
アカンサスという植物だが、日本銀行本店の葉飾りのように
ディテールを簡素化したデザインは古代からみられ、
16世紀のパラーディオの建築にも複数例ある。

＊アンドレア・パラーディオ（15
08-1580）。イタリアの建築家

2、3階部分：円柱がある

1階部分：円柱がない（滑面石積み）

日本銀行本店本館の
壁面構成の特徴 ❶（2層構成）◀

日本銀行本店本館の立面構成をみると、
西・東・北側は2層構成で、下層の1階部分は石積み、
上層の2、3階は古典主義建築オーダーの円柱を持つ。

カプリーニ邸（ローマ、16世紀）図版出典：Franco Borsi: *Bramante*, Electa, 1989

日本銀行本店本館のような2層構成は、ブラマンテ設計によるカプリーニ邸（1510年頃）という ローマの邸宅でみられ、その後、イタリアのヴィラやフランスの宮殿建築で多くのバリエーションが生み出された。このカプリーニ邸は20世紀に取り壊されたが、類似するファサードを持つ建築としては、下に示したようなものが現存している。

パラッツォ・ウグッチョーニ
（フィレンツェ、16世紀）

パラッツォ・ヴィドーニ・カッファレッリ
（ローマ、16世紀）

アイルランド国立図書館・博物館 (T. N. ディーン、T. M. ディーン、1884)
この建築は、日本銀行本店本館と同様の2層構成を持ち、さらに双柱とペディ
メントや左右に張り出す翼部など、多くの類似性を備えており興味深い。

上左／大分銀行赤レンガ館（旧二十三銀行）
上右／ピッティ宮殿　下／古代ローマの水道橋

古典主義と要石（キーストーン）

　オーダーという言葉は「秩序」も意味するように、柱を中心としたデザインのシステムである。古典主義の体系はギリシアで誕生し、広大な領土を獲得したローマ帝国に継承された後、ルネサンス期に再生した。現在、アーチの頂部にある台形の要素、すなわち要石（キーストーン）は古典主義とセットになっているが、オーダーに含まれない（p.024、026、105、116-117、129）。要石はアーチを建設する際、木の型枠の上に石や煉瓦を両端から積み、最後に台形の石をてっぺんに入れて完成する構法に由来する。ゆえに、アーチを多用したローマ時代は、要石が認められるものの、台形を強調したデザインは必ずしも多くない。例えば、ニーム付近の水道橋のような巨大な土木構築物にはない。一方、都心のフォロ・ロマーノにおける凱旋門では、戦勝を記念する華やかさの演出に要石が貢献している（p.085）。

　ルネサンス期の建築も、要石が必ずあったわけではない。例えば、ブルネレスキの場合、むしろ要石を入れると、軽やかなアーチの反復をぶつ切りにしてしまう。一方、ピッティ宮殿では、人間の顔がある要石が構造的な意味を失い、表層的な記号に変化している。現在、街を散策すると、ビルや商業施設でときどき簡素な台形のモチーフに出会う。もはやオーダーはなく、アーチすらないケースもある。オリジナルのメンバーではないのに、古典主義を想起させるデザイン要素となった。もしかたちに遺伝子というものがあるとすれば、要石は強い生命力を持つ。ところで、プロジェクターによる画面の台形補正機能も、英語ではキーストーンの表記である。

古代ローマの神殿

フォルトゥーナ・ヴィリリス
神殿（ローマ、紀元前2世紀）

上3点／ルネサンス以降、キリスト教教会堂のファサードに、ペディメントを持つ神殿のモチーフが用いられるようになった。　下2点／キリスト教建築にひき続いて、世俗建築でもペディメントを持つ神殿のモチーフが用いられるようになった。特に、パラーディオはこのモチーフを多用した。

サンタ・マリア・ノヴェッラ聖堂
（フィレンツェ、15世紀）

サンタンドレア聖堂（マントヴァ、15世紀）

サン・ジョルジョ・マッジョーレ
（ヴェネツィア、16-17世紀）

ヴィラ・メディチ（ポッジョ・ア・カイアーノ、15世紀）

ラ・ロトンダ（ヴィチェンツァ、16-17世紀）

日本銀行本店本館の壁面構成の特徴 ❷（神殿のモチーフ）

神殿のモチーフは、ルネサンス以降しばしば、
キリスト教教会堂や世俗建築のファサードにも用いられた。

フォルトゥーナ・ヴィリリス神殿
（ローマ、紀元前2世紀）

カプリーニ邸（ローマ、16世紀）

図版出典：Franco Borsi: *Bramante*, Electa, 1989

ルーブル宮東側ファサード（パリ、17世紀）

日本銀行本店本館の壁面構成の特徴 ❸（2層構成と神殿のモチーフ）

2層構成に神殿のペディメントを組み合わせたファサードは、
宮殿建築などで数多くつくられた。

日本銀行本店本館と
ベルギー国立銀行ファサードの共通点

辰野金吾は、日本銀行本店本館設計の際に
ベルギー国立銀行を参照した。
この2つの建築のファサードには、多くの共通点がある。

ベルギー国立銀行(ブリュッセル)

ファサードの共通点
ⓐ 2層構成と神殿ペディメントの組み合わせ
ⓑ 双柱(ペアコラム)
ⓒ 神殿のモチーフの内側に、もう1つの小さなペディメントの窓を入れ子状に設けている。

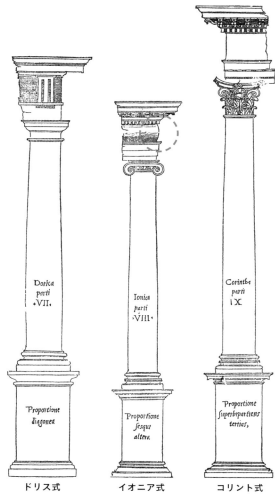

Dorica
parti
·VII·

Proportione
diagonea

ドリス式

Ionica
parti
·VIII·

Proportione
sesqui
altera

イオニア式

Corintha
parti
IX

Proportione
superbrpartiens
tertias,

コリント式

古典主義の3つの主要なオーダーのうち、イオニア式オーダーのフリーズは、しばしばふくらんだ形でつくられる（左図、囲み部分）。

図版出典：Serlio: *L`Architettura, IV*, Venezia, repr., Polifilo, 2001（5つのオーダーの図より、ドリス式、イオニア式、コリント式の部分）

日本銀行本店本館の細部装飾 ❶（2階の窓）Ⓓ

日本銀行本店本館の建築は、
ドリス式とコリント式のオーダーが採用されているが、
2階にはイオニア式を連想させる窓が存在する。

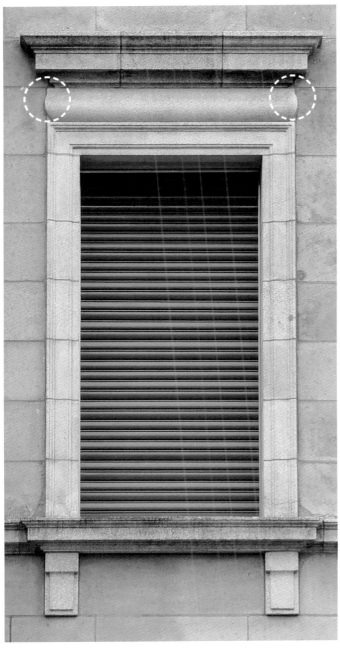

2階の窓

日本銀行本店の建築にはイオニア式オーダーはないが、2階の窓には、イオニアを連想させるふくらみがみられる。

イオニア式オーダーのフリーズをふくらんだ形とする例はしばしばみられるが、この形はセルリオやパラーディオの建築書にも描かれているので、2階の窓のデザインにおいて辰野がこのことを参考にした可能性はあるかもしれない。

そう考えると、1階がドリス、2階の窓にイオニア（のフリーズ）、一番高い位置の大オーダーがコリント式という立面構成と解釈することができる。

3階の窓

日本銀行本店本館の細部装飾 ❷ （3階の窓）Ⓔ

3階の窓の上部は、2本の垂直柱に
水平材である楣を載せたような形になっている。
このような形の窓は、古代ギリシアの
エレクテイオンにもみられる。

*エレクテイオン。古代ギリシア神殿の1つで、アテネのアクロ
ポリスに建つ。紀元前421-406年頃に建造された

エレクテイオン（アテネ、紀元前5世紀）

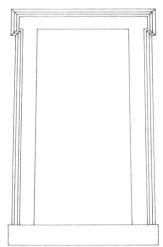

エレクテイオンの窓

図版出典：Robert Adam, *Classical Architecture: A Comprehensive Handbook to the Tradition of Classical Style*, illustrations by Derek Brentnall, Harry N. Abrams. Inc., Publishers, 1990

ヴィニョーラの建築書に描かれた渦巻装飾。正面にトリグリフのような縦筋がみられる。

（ヴィニョーラによるカステルロ・ファルネーゼのエンタブレチュアの図より（部分）。図版出典：Vignola: *La Regola delli Cinque Ordini d´Architettura*, 1562）

日本銀行本店本館の細部装飾 ❸
（翼部１階コーニスの持ち送り）Ｆ

翼部の1階上部には、正面からみるとトリグリフのような縦筋を持つ装飾（持ち送り）が用いられている。

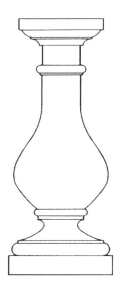

日本銀行本店本館の細部装飾❹
（屋上の手摺子） G

屋上手摺子のカーブは正面からみると
なめらかな曲線だが、
水平方向でみると矩形の断面を持つ。
そのため、曲面に稜線が現れ、
シャープな印象ももたらされている。

三井本館

1929｜トローブリッジ・アンド・リヴィングストン事務所

　日本銀行本店本館と同じコリント式大オーダーが用いられるが、地上から直接巨大な列柱が立ち並ぶことで、古代神殿の迫力や壮麗さがよくあらわれている。この構成はさらに、市民のための銀行にふさわしい開放性にもつながっている。列柱の間の入口を抜けて、通りから直接、広々とした営業室へ入ることができるからだ。ファサード全体は、列柱によって彫りの深さが印象づけられるが、それはコリントの葉やコーニスがつくり出す陰影とも調和しており、隅々まで破綻のないオーソドックスな外観がつくられている。また、重ね合わせられたような立面構成や、巧みに変形された柱礎の輪郭からは、古典主義を得意とした事務所ならではの手腕がうかがえる。

ヒュー・フェリスによる「三井本館建築背景図」（『三井本館建築工事実況』（1927年））　図版出典：『三井本館』編集：三井本館記念誌編集委員会、三井不動産、1989年

古典主義建築主要オーダーと
コリント式柱頭

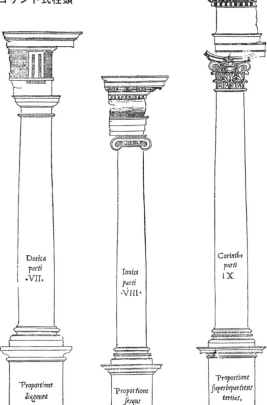

Dorica
parti
·VII·

Proportione
diagonea

ドリス式

Ionica
parti
·VIII·

Proportione
sesqui
altera,

イオニア式

Corinth
parti
IX

Proportione
superbipartiens
tertias,

コリント式

図版出典：Serlio: *L'Architettura, IV*, Venezia, repr., Polifilo, 2001（5つのオーダーの図より、ドリス式、イオニア式、コリント式の部分）

コリント式柱頭
コリント式は、古典主義の3つの主要なオーダーのなかで、もっとも装飾性が高く、また柱の太さに対する長さ（高さ）が長く、ほっそりしている。
（ヴィニョーラによるコリント柱頭の図より（部分）。
図版出典：Vignola: *La Regola delli Cinque Ordini d'Architettura*, 1562）

三井本館のオーダー🅐

古典主義の3つの主要なオーダーのうち、
三井本館ではコリント式オーダーが用いられている。

三井本館のコリント式オーダー

コーニス
フリーズ
アーキトレーヴ
エンタブレチュア

柱頭

柱身

柱礎

三井本館
大オーダーのコリント式円柱が地上から立ち上がって
いる。基壇の層はない。円柱と円柱の間に入口があり、
市民に開かれた銀行にふさわしい開放性を持つ。

三井本館と日本銀行本店本館の比較

三井本館と日本銀行本店本館には、
どちらもコリント式大オーダーが用いられているが、
全体の構成には違いがある。

日本銀行本店本館
1階は基壇としての石積み仕上げで、2、3階がコリント式円柱の大オーダーとなっている。1階壁面を基壇の石積み仕上げとすることによって、市民に開かれた一般の銀行とは異なる、日本銀行にふさわしい閉鎖性を保っている。

辰野が日本銀行本店本館の設計に際し、ベルギー国立銀行とあわせて参照したもう1つの建築に、ジョン・ソーン設計のイングランド銀行がある。日本銀行本店本館の類似点としては、1階外壁の仕上げや、中庭やトップライトをとり入れた内部空間が挙げられる。
ジョン・ソーン　イングランド銀行（ロンドン）

図版出典：*John Soane Architetto*, ed., Margaret Richardson & MaryAnne Stevens, Skira, 2000

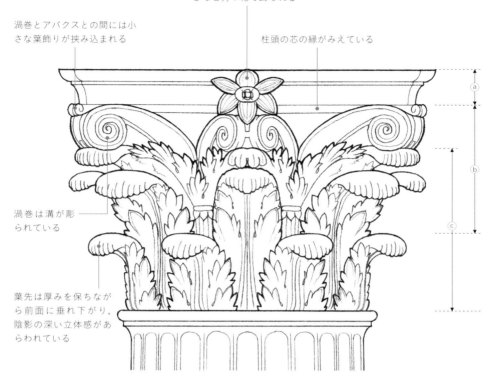

アバクスの中央は6枚の花びらを持つ花で飾られる

渦巻とアバクスとの間には小さな葉飾りが挟み込まれる

柱頭の芯の縁がみえている

渦巻は溝が彫られている

葉先は厚みを保ちながら前面に垂れ下がり、陰影の深い立体感があらわれている

ⓐ アバクス
柱頭の最上部に位置する平たい頂板

ⓑ 渦巻
渦巻は2段目の葉の間から生える茎から伸びている

ⓒ 葉飾り
3段の葉で飾られる。葉の形は5裂を形成しており、葉の表面は葉脈が彫られる

三井本館のコリント式柱頭の特徴Ⓐ

三井本館の大オーダーのコリント式柱頭は、葉先が厚く、陰影の深い立体感があらわれている。

三井本館のコリント式柱頭

旧サン・パンクラツィオ聖堂
（フィレンツェ、15世紀）

パッツィ家礼拝堂（フィレンツェ、15世紀）

　コリント式柱頭は、デザイン
の自由度が大きいため、時代に
よってさまざまなデザインが生
み出されている。たとえば、初
期ルネサンスには2段の葉の構
成がしばしばみられた。

サンタ・マリア・ノヴェッラ聖堂
（フィレンツェ、15世紀）

サンタ・マリア・ノヴェッラ聖堂
（フィレンツェ、15世紀）

アバクスの角は、渦巻
によって支えられ、隙間
には葉が挟みこまれる

柱頭の芯の縁がみえている

アバクス
アバクスは、中央が内側に湾曲し、左
右が角のように尖った形につくられる。
中央にはしばしば花が飾られる

パンテオンのコリント式柱頭 (ローマ)

葉の形は、一般的には5つ
以上の裂辺で1つのまとま
りをつくり、中心軸に対し
て左右対称に生えている

葉飾り
葉飾りは、通常は3段で
あり、1段目と2段目の
葉は、左右に半幅ずつず
れて重なりながら生える

コリント式柱頭の標準的なデザイン

コリント式柱頭の全体は、上から順に、
アバクス、渦巻、葉飾りの3部分から構成されている。
古典主義の3つの主要なオーダーのなかでも、もっとも装飾性が高い。

渦巻

渦巻は、2本の茎（ⓐⓑ）か
ら伸びて、それぞれ途中で
左右に枝分かれしたものが、
大小2つの渦巻をつくり、
合計で4つの渦巻となる

大きい渦巻は、90度を成
すもう一辺から伸びた大
きい渦巻とつながって、ア
バクスの角を支えている

小さい渦巻は、もう一方の小
さい渦巻と、中央で接する

渦巻は2段目の葉の間から
生える茎から伸びている

サン・ピエトロ（ヴァチカン）のコリント式柱頭の素描
ウフィツィ美術館蔵
図版出典: *The Renaissance from Brvnelleschi to Michelangelo : the representation of architecture*, ed., Henry A. Millon and Vittorio Magnago Lampugnani, Thames and Hudson, 1994

　パンテオンのコリント式柱頭（左頁）にみられる美しい葉
の造形は、後世に数多くの建築作品や建築書で、模範的なデ
ザインとして参照された。この素描にも、パンテオンの柱頭
との類似点が数多くみられる。

古代の伝承によると、この
柱頭は籠の下からアカン
サスの葉が生えている姿
を描いたものであるという。

図 版 出 典：Roland Fréart de
Chambray, *Parallèle de
l`Architecture Antique avec la
Moderne*, 1650, Paris, repr.,
Genève, 1973

コリント式柱頭の植物について

一般的なコリント式柱頭の葉飾りのモチーフはアカンサスだが、
それ以外の植物の姿がみられることもある。

アカンサスの葉飾り
ヴェスタ神殿のコリント式柱頭（ローマ）

葉飾りのモチーフになった植物
上／アカンサス　下／オリーブ

アカンサスの構造にオリーブの葉が当てはめられた葉飾り
パンテオンのコリント式柱頭（ローマ）

コリント式柱頭の植物については、ウィトルウィウスの建築書にもアカンサスという記載があるが、必ずしも常にアカンサスそのものがかたどられたわけではなく、たとえば、葉を五裂の形としつつ、一つ一つの裂片にオリーブの葉を当てはめる例は古代から多くみられた。このことからも、コリント式柱頭の植物装飾は、単に庭に生えている植物が描かれたのではなく、そこには理想化された植物の姿が投影されてきたと考えられる。

ⓑ 葉の丸みが大きいため陰影が深い

ⓐ 軒の装飾帯

三井本館のファサード

ファサード全体と調和する
柱頭のデザイン

三井本館のコリント式柱頭は、彫りが細かく、
葉の丸みが大きいため、陰影が深い外観を持つ。
この姿は、この円柱の溝彫を持つ柱身や
軒の装飾と、バランス良く調和している。

ⓒ コーニスの突出によって深い影ができる

ⓓ柱身の溝彫(フルーティング)は、特に横からみたときの陰影が美しくみえる

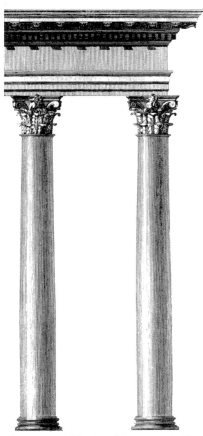

ヴィニョーラの図にもとづくコリント式列柱

図版出典：*Jacopo Barozzi da Vignola nella edizione del 1828 proposta da Carlo Antonini*, Editrice Dedalo Roma, 2007

三井本館（1929年竣工）

ここに、小さい別の建築の エンタブレチュアの一部の ようなデザインがみられる

重ね合わせられたファサード ❶ Ⓑ

三井本館には、もう1つの小さい建築の
エンタブレチュアのようなデザインがある。
このデザインは、同じ設計者による支店の建築が、
三井本館に重ね合わせられているようにもみえる。

三井銀行横浜支店は、三井本館と同じトローブリッジ・アンド・リヴィングストン建築事務所の設計により、1931年に建築された。

三井銀行横浜支店（1931年竣工）

ⓐ 三井銀行横浜支店のエンタブレチュアと同程度の高さ
ⓑ 扉口のデザインは、ほぼ同じ

ヴィニョーラの図にもとづくイオニア式列柱

図版出典：*Jacopo Barozzi da Vignola nella edizione del 1828 proposta da Carlo Antonini*, Editrice Dedalo Roma,2007

サン・ジョルジョ・マッジョーレ（ヴェネツィア、16 -17世紀）

重ね合わせられたファサード❷

建築家パラーディオによる教会堂や邸宅にも、複数のファサードを重ね合わせたようなデザインがみられた。この建築では、複数の神殿のモチーフが重ね合わせられたようにつくられている。

エレクテイオン

丸亀エレクテイオン

エルミタージュ美術館の柱廊玄関

身体に重ねあわせられた柱

　古典主義では、柱を人間の身体になぞらえる考え方がある。日本でも、人柱や大黒柱のように、こうした表現を比喩的に用いるが、西洋では美しい比例の根拠を人体に求めたことが特徴的だ。たとえば、ウィトルウィウスの建築書によれば、ドリス人が柱のプロポーションを考えた際、男性の足は身長の1/6であることを見出し、柱身の下部と柱の高さの関係を決めている。またイオニア式の柱では、婦人の細さに当てはめ、1/8の比例とし、巻き毛のような渦巻きを柱頭に、衣装のひだような条構を柱身につけたという。かくしてドリス式は「赤裸な男子の姿」、イオニア式は飾りを持つ婦人の優美さというキャラクターが与えられた。

　以上はあくまでも抽象的な表現だが、直接的に人体が柱になった事例がある。アクロポリスの丘にあるエレクテイオン神殿のカリアテッド（女性像の柱）だ。これに関するウィトルウィウスの説明は、以下の通り。ペルシア戦争でギリシアが勝利した後、ペルシア側に与したカリュアの街に対して、ギリシア人が報復した。そして建築家は後世までカリュア人の罪を伝えるべく、荷を背負ったかたちで女性像を公共の建築に組み込んだという。西洋では、具象的な人像の柱をときどき見受けるが、天空を支える神アトラスのように、力強い男性が柱と一体化したケースもある。もっとも、明治・大正期に受容された古典主義では、日本人の感覚にあわなかったのか、なぜかほとんど使われたことがない。筆者が知る数少ない事例は、おそらく戦後の建築だが、丸亀駅前の小さな喫茶店くらいだ。

柱礎のデザイン比較

三井本館と日本銀行本店本館のコリント式オーダー
の柱礎は、どちらも下から順に、台石、下の円盤、
平縁、凹型繰型、平縁、上の円盤から構成されている。

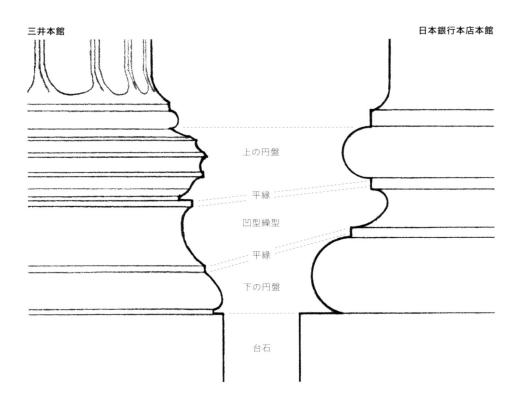

三井本館

日本銀行本店本館

上の円盤

平縁

凹型繰型

平縁

下の円盤

台石

三井本館の細部装飾 ❶（コリント式オーダーの柱礎）ⓒ

巧みに変形された柱礎の輪郭からは、古典主義を
得意とした設計事務所ならではの手腕が見受けられる。

三井本館のコリント式柱礎にみられる特徴

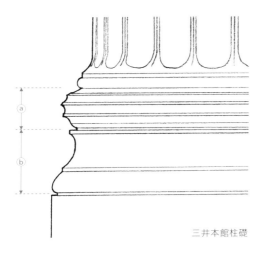

三井本館柱礎

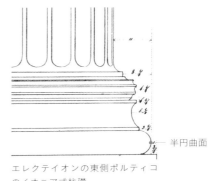

半円曲面

エレクテイオンの東側ポルティコ
のイオニア式柱礎

図版出典：*Columns and Antae from the East
Portico and West Front of the Erectheum at
Athens Greek Ionic*（部分）（*Parallel of the
Classical Orders of Architecture, 1998*）

三井本館柱礎

ⓐ 上の円盤は、複数の稜線によりギザギザし
た輪郭を持つ。このような形は、エレクテイ
オンの東側ポルティコなど、古代ギリシア建
築のイオニアの柱礎でみられた。
ⓑ 下の円盤の輪郭が、その上の凹型繰型と連
続したカーブになるように形作られている。

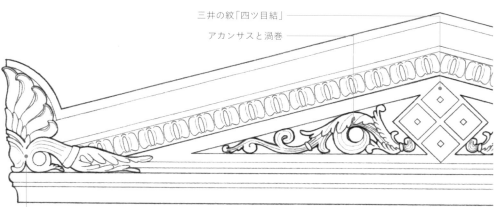

三井の紋「四ツ目結」

アカンサスと渦巻

パルメットと植物が組み合わせられた軒
飾り。これはファサード上部の軒にみら
れる装飾の角の部分が簡略化された形と
なっている。

三井本館の細部装飾 ❷
（扉口上部のペディメント）Ｄ

入口はペディメントで飾られる。
ペディメントの左右には
棟飾りが付けられる。

三井本館の扉口

三井本館の細部装飾 ❸（扉口のデザイン） Ⓓ

入口の扉左右には、
ドリス式を簡略化した柱頭の付柱が立つ。

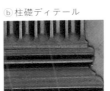

ⓑ 柱礎ディテール

ⓐ 柱頭ディテール

細部装飾にみられる古典主義の意匠
　東京駅の近く、永代通り「丸の内
1丁目」交差点の脇のJR高架下。鉄
骨に古典主義の持ち送りがみられる。

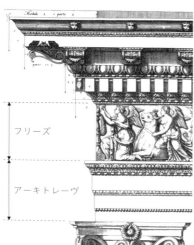

フリーズ

アーキトレーヴ

ヴィニョーラによるドリス式柱
頭とエンタブレチュアの図（部分）

図版出典：Vignola: *La Regola delli Cinque Ordini d'Architettura*, 1562

三井本館のコリント式オーダー

三井本館の細部装飾 ❹ （フリーズに開けられた窓） Ⓔ

エンタブレチュアのフリーズの高さの位置に窓が
開けられている。ここは、古代の木造の構造で
梁に相当する部分であるため、その梁と梁の隙間に
窓を開けたかのようにもみえる。

フリーズは古代の木造の構造では梁に相当する部分である（上図囲み部分）。ドリス式
では、梁の端部が露出し水切りの2本の縦筋が彫られるが、イオニア式とコリント式
では、この層全体を覆った上で装飾を施した状態が表されているとみなすことができる。
ジョン・ソーンにより、英国ロイヤルアカデミーのために描かれた図

（図版出典：*John Soane Architetto*, a cura di Margaret Richardson e MaryAnne Stevens, Skira, 2000）

辰野のディテール表現3

　日本銀行本店本館の中庭空
間では下層にドリス式円柱が
用いられ、そのフリーズには
トリグリフがないが、一部に
金属のボルトのようなものが
打たれている。トリグリフがそ
もそもかつての木造の梁の名
残だったことを考えると、こ
の中庭のフリーズの姿は、太
古の工法が近代のものに置き
換えられているようにもみえる。

日本銀行本店本館の中庭

フリーズにはトリグリフがないが、
一部に金属材が打たれている

三井本館の細部装飾 ❺（軒の装飾帯）

三井本館の2段の軒装飾には、パルメットや
アカンサスがモチーフとして用いられている。

古代ギリシアのパル
メット装飾（デルフィ）

パルメット

ⓐ

アカンサスの葉

ⓑ

第2章 和風の融合

　第1章でとりあげた建築は、本場である西洋の古典主義を日本でなるべく忠実に再現しようとしたものだった。

　が、ここではそこから少し離れて、和風化したデザインを紹介する。

　現在、首都高速の下にある日本橋（1911）は、しばしば「ルネサンス様式」のデザインだと説明されている。だが、明らかに純正なものではない。イタリアにおける本場のルネサンス建築と比較すると、むしろどこがルネサンス風なのかと、不思議に思うほど、和風の意匠が混入している。たとえば、袖柱に擬宝珠、親柱に唐獅子、中央に麒麟を置き、さらに5つの照明を支える台は、斗栱と木鼻、蓮弁、小さな曲線が上部に集合する格狭間など、伝統的な日本建築のモチーフを組み込む。なるほど、江戸時代の木造太鼓橋に対し、石造の二連のアーチ橋は、樺島正義が構造設計を担当し、近代的な洋風である。だが、妻木頼黄が手がけた意匠は、和洋折衷というべきだろう。実は明治時代に日本橋の建て替えに際して、西欧式にするか、和風にするか（しかも木造の朱塗り）をめぐって議論されていた。それゆえ、妻木は意識的に両者を融合させたデザインを選んだのだろう。

　日本銀行本店本館や三井本館のように、銀行に関連する施設は、堅牢で安定というイメージを古典主義という様式に託したのかもしれない。それに対し、お客さんが買い物をする商業施設は、そこまでいかつい表情をみせると、か

（注記：本文中の振り仮名）斗栱＊1（ときょう）、木鼻＊2（きばな）、蓮弁＊3（れんべん）、格狭間＊4（こうざま）、妻木頼黄（つまきよりなか）

えって入りづらくなる。日本初の百貨店として大正時代に登場し、関東大震災後に拡張した日本橋三越本店本館（1914）の意匠は、古典主義を基調としつつ、細部において自由な解釈がなされ、独特の変形が行われた。正面玄関の開口の持ち送りはやや和風である。また獅子像の奥のやたらと細長い円柱、風除室の超ミニ・サイズのイオニア式円柱など、本場の規範からすると、異例づくしだ。きわめつけは、頂部のファサードのメダイヨン[*5]や玄関まわりに、大きく一文字で「越」の文字が入っていること。漢字を用いたロゴマーク（ただし、現在のデザインは戦後のもの）は、大きなインパクトを持っている。

　日本橋高島屋本館（1933）において、西側のオリジナルの部分を手がけたのは、高橋貞太郎だった。彼は東京大学を卒業後、内務省明治神宮造営局や宮内省匠寮で勤務し、東洋趣味という条件がついたコンペによって設計者に選ばれた。全体としては、基壇、基準階、頂部による古典的な三層の構成を持つ。立面をリズミカルに分節するのも、オーダー風の付柱である。また頂部に小さな三連アーチが並ぶ。しかし、よく観察すると、垂木[*6]、斗栱[*6]、蟇股[*7]、肘木[*8]、釘隠し[*9]、蓮弁、欄間、折上げ格天井[ごうてんじょう]、粽[ちまき*10]など、あちこちに日本建築のディテールを組み込む。折衷主義的だが、重要なのは、そのまま過去のかたちを引用せず、幾何学的に変形させており、モダンかつオリジナルなデザインを導いたことである。それゆえ、時代背景を考慮すると、和風アール・デコというべき意匠だろう。高島屋本館は、帝冠式と違い、和風の大屋根は使わない。屋上も、空間として有効活用する必要があったからだろう。この屋上も、手を抜くことなく、様々な意匠を散りばめているので、忘れずに散策することをお勧めしたい。なお、戦後にガラスブロックを効果的に導入しつつ、個性的な造形感覚を生かして、東側を増改築したのは、村野藤吾である。

*1 日本建築の軒下を支える木組み　*2 日本建築において水平材が柱から突き出た部分　*3 蓮の花弁を図案化した意匠　*4 壇部側面に彫られた刳り型の装飾　*5 仏語で大型メダルの意、同形状の建築壁面装飾をいう　*6 屋根材を支えるため、棟木軒桁に斜めに渡す部材　*7 寺院建築でよく使われる荷重を支えるための部材で、カエルが股を広げたような意匠　*8 日本建築の軒下を支える木組み　*9 釘頭を隠すための装飾金物　*10 端部がすぼまった柱

日本橋髙島屋S.C.本館

1933 | 高橋貞太郎（新築）／1952−73 | 村野藤吾（増築）

約90年前にタイムスリップする外観

　髙島屋本館（1933）は、屋内外とも幾度も増改築やリノベーションを繰り返しているが、中央通りに面した西側のファサードは、高橋貞太郎が設計したオリジナルのデザインがよく残っている。全体的な構成は、古典主義のビルの形式を踏襲しているが、ディテールにおいて日本の古建築から引用した装飾を変形させながら、散りばめているのが、ユニークだ。特に正面の中央、メイン・エントランスとその周辺は、デザインの密度が高い。上部に「髙」の文字が入るのも、印象的だ。なお、地下2階のレストランローズには、創建当初の髙島屋の大きな模型が展示されている。

和風のアール・デコ

正面中央玄関は、ファサードのハイライトである。建築家がもっとも力を入れた部分だろう。日本建築の意匠を散りばめているが、やや幾何学的に処理され、和風のアール・デコというべきデザインだ。設計者は異なるが、髙島屋本館と同じ1933年に開館した帝冠様式の京都市美術館（現・京都市京セラ美術館）も、類似した手法であることは興味深い。

上／髙島屋本館 正面玄館
下／京都市美術館（現・京都市京セラ美術館）

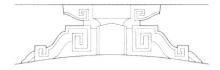

蟇股と間斗束を記号的に操作

三連の浅いアーチの上に、寺院建築でよ
く使われる蟇股がのる。文字通り、カエ
ルが股を広げたような意匠だ。もっとも、
本来のデザインと比べると、なめらかな
曲線ではなく、やや角ばっている。さら
に蟇股の中心部をよくみると、間斗束と
いう垂直部材のモチーフが重なり、両者
を記号的に操作し、合体させている。ま
たアーチ上の位置を考えると、要石の変
形としても解釈できる。

上／延暦寺の蟇股　中／延暦寺戒壇院の間斗
束　下／髙島屋本館 正面玄関の蟇股

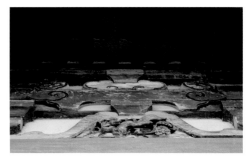

折衷的な意匠

アーチの両側には、日本建築の軒下の木組である斗栱のモチーフを下敷きとした装飾が認められる。斗栱には様々な種類が存在するが、なかでも舟型の肘木の下に、四角い枡形をかませた大斗肘木と近い。ただし、下の部分は、矩形を三分割した古典主義のトリグリフを想起させる。とすれば、やはり和洋折衷的な意匠だ。

上／髙島屋本館 正面玄関の斗栱のモチーフ　下左／トリグリフ（大英博物館の展示品より）　下右／唐招提寺の大斗肘木

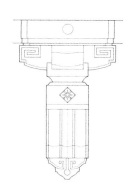

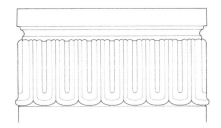

上下が逆転した花弁のモチーフ

正面から向かって左側にまわり、北面の壁を観察すると、上下に柱状のモチーフが並ぶ。下部の柱頭は、蓮の花弁を連続させる意匠を持つ。こうしたモチーフは、仏像の台座や工芸品にも用いられるが、建築の場合、通常は柱脚部の礎石をぐるりと囲むように使う。だが、ここでは上下が逆転し、柱頭につき、下向きの反花となって、圧縮・抽象化させたかのようだ。

上／北側側面下部　下／北側外観

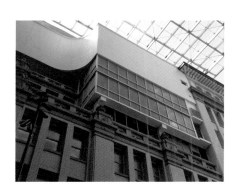

異なる二段の高欄意匠

北側の壁の上部をみよう。地上から遠く、目が届きにくいところだが、手を抜いていない。セットバックしながら、二段の高欄が設けられている。下の段は、親柱の頭部に蓮花風の意匠を使い、禅宗様の系統と似ていよう。一方、上の段は、擬宝珠のモチーフをやや多面体的な造形に変化させたもののようにみえる。なお、後者は村野による増改築で付された。

3点とも／北側壁上部

軒下の折衷的なデザイン

軒下は、木造建築の垂木のモチーフを用いる。これは垂木の幅と隙間の幅が等しい、密になって並ぶ繁垂木である。基本的には平行に配置された平行垂木だが、北西部や南西部の丸い角は放射状に並び、隅扇垂木の形式としながら調整している。もっとも、垂木の下に続く三連のアーチは日本的なものではなく、西洋風なので、やはり折衷的なデザインだ。

上／北側の垂木とアーチ　下／北西角の上部

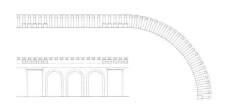

日本的なものの表現

近代以降の建築における日本的なものの表現は大きなテーマだった。愛知県庁舎(1938)や京都市美術館(現・京都市京セラ美術館)は、近代的な躯体の上に瓦屋根をのせ、帝冠様式と呼ばれている。一方で丹下健三による香川県庁舎(1958)のような戦後モダニズムは、屋根という直接的な表現を嫌い、垂木のモチーフを使う。髙島屋本館も、大きな瓦屋根を用いず、屋上庭園を設けたのは、モダニズム的かもしれない。

上／髙島屋本館　下左／愛知県庁舎　下右／香川県庁舎

ショーウィンドウ上部の帯状装飾

現在は赤い覆いに隠され、少しみえにくくなっているが、のぞきこんで、ショーウィンドウの上部にも注目しよう。ここは六葉のモチーフを配し、その横に縦長のくぼみが反復する。この形状は浄瑠璃寺の九体阿弥陀堂の台座の意匠を想起させるかもしれない。一方で古典主義の水平部材においてくぼみが連続する帯状の装飾とも似ているのが、興味深い。

古典主義や
チェコ・キュビスムを想起

正面玄関は、内外ともに開口部に沿って、小さい紡錘形が数珠つなぎになって反復している。それぞれの小さい要素に注目すると、柱と浅いアーチに沿った外側のフレームでは角ばっており、室内側は丸みを帯びており、意匠が違う。これは古典主義の意匠、アストラガル（玉縁）と類似するが、屋外側は幾何学が強く、多面体の造形が特徴であるチェコ・キュビスムも想起させる。

右上／正面玄関内側　右下／正面玄関　左下／チェコ・キュビスムの街灯

独自性が高い柱頭

正面玄関から入ると、風除室の柱頭デザインは、既存のモチーフとの直接的な類似がなく、独自性が高い。渦巻き状の雷紋が2つ横に並ぶことによって、やはり両側に渦巻きがあるイオニア式のオーダーの抽象的な図像化としても解釈できる。ただし、巻く向きは逆になっている。また頂部は、通常は矩形になっている大斗が、多角形に変容したかのようだ。

上／平等院の大斗　中／アンカラの浴場 上下逆さに置かれたイオニア式の柱頭　下／正面玄関の風除室

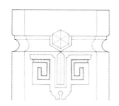

和風をモダン化した欄間のモチーフ

風除室において柱と直交する頭上の横長の
意匠は欄間のイメージだろう。花と幾何学
的なモチーフを組み合わせた繊細な装飾で
ある。ただし、古建築の欄間を探しても、
これと類似したパターンはない。とはいえ、
欄間そのものが西洋の建築にはないから、
和風のモダン化というべきか。また欄間や
出入口の上、長押状の部材には釘隠し風の
金具がつく。

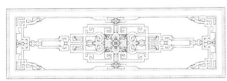

上／正面玄関風除室の欄間　下／名古屋城本丸御
殿の玄関にある笈欄間

生々しい蓮の花弁

正面玄関の風除室には、アーチ状のニッチ（くぼみ）の下に、大理石の壁からとびだす1/4の球状の突起物があり、円形の台がのる（当初、このふたはなく、水飲み場だったらしい）。突起する部分の曲面を包むのが、はっきりと蓮子の花弁とわかるモチーフだ。蓮弁はここだけではなく、髙島屋の装飾としてほかにも使われているが、風除室はほとんど抽象化されることなく、生々しい表現である。

2点とも／正面玄関風除室

装飾モチーフとしての植物

　古今東西、建築の装飾に植物のモチーフ
がしばしば使われる。たとえば、古典主義
では、地中海沿岸の原産であるアカンサス
の葉が、コリント式オーダーの円柱を包む
（本書p.046-047を参照）。その起源としては、
真偽はともかく、ローマ時代の建築家ウィ
トルウィウスが次のエピソードを伝えてい
る。建築家がデザインを悩みながら歩いて
いたとき、若くして亡くなった少女の墓に
捧げられた篭に巻きついたアカンサスを目
撃して思いついたという。髙島屋の植物装
飾としては、蓮弁の意匠が随所で見受けら
れる。また古代エジプトの巨大な列柱を観
察すると、柱身に葦や蓮、あるいはパピル
スの茎を束ねたような形を使う。柱頭のモ
チーフにも、パピルスや椰子の葉を用いて
いる。イスラム文化圏でも、具象的な表現

を嫌い、植物文様が発達した。ちなみに、
ワシントンの国会議事堂では、アメリカ大
陸の原産であるとうもろこしを用いた柱頭
が存在する。やはり、身近な場所で観察で
きる植物から、デザインのインスピレー
ションを得るのだろう。

　さて、過去からの離脱をめざし、「新し
い芸術」という意味をもつアール・ヌー
ボーは、古典主義やゴシックなど、歴史的
な様式を一切用いないデザインを試みてい
る。とはいえ、まったくの無から創造する
ことは難しい。そこでアール・ヌーボーが
参照したのが、やはり植物であり、自然
だった。例えば、ベルギーのヴィクトル・
オルタが手がけた住宅（1901）は、有機的
な曲線を多用し、細い鋳鉄や木の手摺が蔦
のように互いに絡みあう。壁にも同様のモ
チーフが描かれた。

来店者を包み込む装飾

玄関はほかにも様々な和風の意匠を散りばめ、来場者を上下左右から立体的に包み込む。正面ほどではないが、北側の玄関も装飾・工芸的である。つまり、ただの通過点ではない。ここを抜けると、華やかな百貨店の世界が展開することを示唆すべく、一気に装飾の密度を上げている。モダニズム以降の建築では、こうした空間の表現は難しくなった。

左上／正面玄関の釘隠し風意匠
左下／正面玄関見上げ　六角形と
八葉蓮華　右上／北側玄関の欄間・
鋲・肘木風モチーフ　右下／北側
玄関の見上げ

複雑なパターンの照明

内部に入り、1階正面吹抜けのホールを見上げると、増改築時に村野藤吾が手がけた箱状の照明が、格天井からぶら下がっている。装飾を細かく観察すると、中央は八葉蓮華のモチーフ、そのまわりを幾何学的な雷紋と曲線的な植物模様が囲む。すなわち、自然、幾何学、曲線的なパターンという異なる3タイプのデザインを重ね合わせた複雑な装飾である。

コリント式柱頭の和風化?

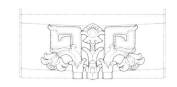

吹抜けに林立する柱の白い持ち送りも興味深い。1階から
だとみえにくいが、2階のバルコニーからだと、近距離で
観察できる。肘木風の持ち送りの曲面には、コリント式の
柱頭を和風化したかのような意匠が認められる。なぜなら、
雷紋の渦巻きを植物の装飾が包んでいるからだ。植物はア
カンサスの葉とは似ていないが、コリント式の装飾の形式
と共通している。

中左／明治生命館の柱頭　中右／サン・サティロ聖堂の柱頭
下／持ち送り

格天井＋ヴォールトの天井意匠

天井の意匠は空間の重要性を示すのに、よく使われる。エレベーターはまず来場者を上階に吸い上げる重要な装置だった。1階正面のエレベーターの手前は、特別に浅く湾曲するヴォールト状の格天井が連なる。カマボコ型の形状は組積造に由来しており、西洋風である。一方、格天井は西洋にも存在するが、これは格子の交点に八葉蓮華の紋を用いた和風だろう。和洋の折衷により格式が表現されている。

上左／1階の正面エレベーター前　上右／1階の抽象化された格天井（後の改修）　下／フォロ・ロマーノのセプティミウス・セウェルスの凱旋門

第 2 章 和風の融合 085

フロアごとに違うエレベーターの装飾

髙島屋本館には、三越百貨店のような大階段はないが、代わりに当時最先端のエレベーターが来場者を出迎えた。当然、重要な場所には装飾が用いられる。逆にいえば、日本の古建築と同様、装飾によって空間の格が表現された。1階正面のエレベーターのドア周辺は柱頭に大斗と肘木をのせるが、2階は大斗のみとなっているように、フロアによって意匠が違う。なお、奥のエレベーターの扉絵は、東郷青児によって描かれたもの。

上／1階エレベーター　下左／2階エレベーター　下右／3階エレベーター

和風だが近代的な表現の階段装飾

エレベーターのまわりに比べると、階段の装飾的な要素は少ない。スチールやステンレスの手摺をもつ階段は、村野藤吾による増改築だが、大理石の腰壁と手摺は創建時のものである。南側の階段を見上げると、手摺の底にさりげなく釘隠し風の金物装飾がある。和風だが、仕上げ材を表面に貼ったことを示す、近代的な表現のようにも感じられる。

上左／北側の階段室における八角形の親柱　上右・下／手摺底面における釘隠し風の装飾

昔の装飾が残る5階の旧貴賓室

5階の旧貴賓室は、現在セミナーやイベントなどに使われ、内装が変更
されているが、それに影響されない上部や寄木細工の床に昔の装飾が
よく残っている。例えば、釘隠しのモチーフ、あるいは柱から梁へと
つなぐ持ち送り。そして白い漆喰の天井を見上げると、鳳凰、蓮の花、
植物など、曲線的な造形が絡みあうイメージが展開している。

屋上のユニークな折上天井

日本の古建築では、天井の意匠とその複雑さは空間の格式を表現する要素の1つだったが、屋上のエレベーター前も興味深い。柱頭に大斗肘木風のモチーフがのり、その上が壁から曲面で持ち上げた白い折上天井になっている。ただし、碁盤目状の格天井はない。折上天井なら通常は格天井なので、ユニークな形式である。ドアの横には六葉モチーフによる釘隠しの意匠も使われた。

上・下／屋上階正面エレベーター前　中／島津家御殿の装飾的な釘隠し

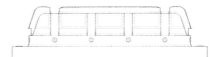

タイル張りだが意匠は和風

屋上のエレベーター室の外観
は、タイル張りだが、意匠は
和風である。やはり軒下に垂
木を用い、柱頭にはやや幾何
学的に処理された斗栱、それ
らのあいだには板蟇股風のモ
チーフを配置する。注目すべ
きは、色が濃い柱脚部の丸味
を帯びながらぎゅっと絞った
「粽」風のデザインだろう。こ
れは禅宗様の建築の特徴とさ
れるディテールである。

上／屋上塔屋外側　下／粽風の意匠

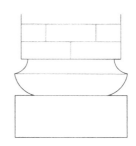

モダンな半球状の台

屋上の花壇入口の左手に目を向けると、モダンなデザインの半球状の台が設置されている。ボウル型のヴォリュームを中心とする幾何学的な構成と四角い渦巻きの雷文風の装飾が目を引く。影響関係は不明だが、近い時代の建築では、フランク・ロイド・ライトが設計した帝国ホテル（1923）の飾り壺、あるいは京都市京セラ美術館の装飾を連想させる。

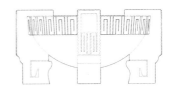

上左／京都市美術館（現・京都市京セラ美術館）　上右／明治村に移設された帝国ホテル　下／髙島屋本館の屋上

抽象彫刻のような手水鉢

屋上の日本庭園を散策すると、手水鉢に出会う。全体のかたちはおそら
く立方体とし、その表面に線状に刻んだ幾何学な装飾や正方形の反復が
あり、抽象的な彫刻のようだ。同じく屋上の笠森稲荷には、このデザイ
ンを強く意識した新しい手水鉢が置かれている。やはり立方体だが、表
面の正方形を斜めに傾けるなど、装飾のパターンは少し違う。

上／日本庭園　下／笠森稲荷

噴水を囲む謎のペリカン

屋上にある西洋風の円形の噴水は、百貨店の開店時から存在していたものだ。中心に据えられた花模様の透かしをもつ陶製の噴水塔は、日本橋髙島屋で個展を開催した陶芸家・小森忍の作品である。また噴水をとり囲む、口を大きく開けた周囲のペリカン群(なぜ、このモチーフなのかは不明)は、この建築ではめずらしい動物キャラの装飾である。

七福殿と笠森稲荷

大きな建築である百貨店の屋
上には七福殿と笠森稲荷など、
伝統的な造形の小さな建築が
建つ。前者は日本庭園の一角
にあり、1933年の開店時から
存在していたが、現在のもの
は1977年につくられた2代目
となる。八角堂の形式はとき
どき見受けるが、本当に七角
形の平面はめずらしい。笠森
稲荷は1954年の増改築時に屋
上に移設されたもので、現状
のものは2019年の新築。

上／七福殿　下／笠森稲荷

彫刻的なモチーフ

髙島屋の増改築を手がけた村野藤吾は、モダニズムの建築家だが、完全に装飾を排したデザインをめざしたわけではない。ガラス、ブロックが目立つ南側の壁面や南東の隅部を観察すると、機能主義では説明がつかない、彫刻的なモチーフを加えている。例えば、5階バルコニーには、笠置季男の曲線的な作品が使われた。こうした村野のセンスは、商業建築と相性が良いだろう。

上／村野藤吾設計の南側壁面　下2点／南東側隅部

オブジェのような屋上塔屋

本館の東側、すなわち増築部分の屋上には、おもしろいかたちのヴォリュームがいくつか散見される。これらは当初のものではなく、村野藤吾が設計したものだが、それぞれに個性的なかたちである。特にコブのような塔屋は、かつて屋上で飼われていた子象へのオマージュといわれている。彼の建築は、これに限らず、オブジェのような塔屋がしばしば屋上において出現する。なお、浅いヴォールトが連続する部分は、その下が展示空間になっている。

表層を意識させる鋲のモチーフ

風除室や階段では、釘隠しのモチーフが認められたが、南側ファサードはもっと簡素化された鋲が使われている。これらはオットー・ワグナーの代表作、ウィーン郵便貯金局（1906）が内外の表面において鋲を用いた近代的なデザインを想起させる。つまり、表層はあくまでも仕上げ材であり、その背後の構造材とは別物であることを表現するものだ。

上2点／ウィーン郵便貯金局　中・下／髙島屋本館 南側壁面

百貨店建築の比較

日本橋髙島屋をヴォーリズが設計した大丸心斎橋店（御堂筋側の増築は1933）と比較してみよう。いずれも百貨店建築であり、正面の中央玄関とその上部を意匠のハイライトとする同じ構成をもつ。ただし、前者が和風テイストを表現するのに対し、後者はゴシックのモチーフやアラベスク模様を使い、非古典主義系のモチーフを展開している。

左・右上／日本橋髙島屋本館　右下／大丸心斎橋店

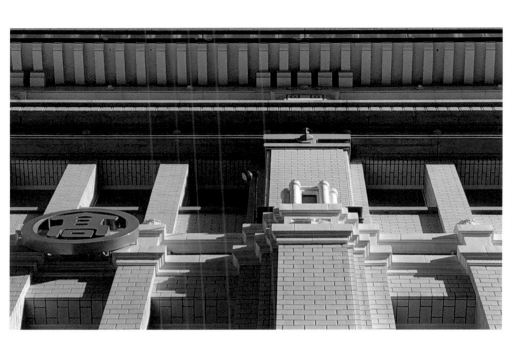

日本橋三越本店本館

1914 | 横河民輔

古典主義を基調に独創的な変形

　日本初の百貨店として大正時代に三越本店本館（1914）
は登場した。当初の外観は、現在とは違い、巨大なアーチ
の連続を強調したものである。その後、関東大震災後に増
改築し、現在の姿とヴォリュームになった。いずれも横河
民輔が設計を手がけた。意匠は古典主義を基調としつつ、
細部に独創的な変形が認められる。つまり、西洋の様式建
築を正確に模倣することをめざしたデザインではない。創
建時からエレベーターや、日本初のエスカレーターを備え
ていたが、買い物客が歩く階段を中心とする巨大な吹抜け
のダイナミックな演出は、むしろバロック的な空間の手法
だろう。ただし、天井からの採光は、近代的である。
2016年7月、三越本店は国の重要文化財に指定された。

西洋建築のヴォキャブラリー

正面ファサードの軒にある丸いメダイヨンは、大きな漢字「越」を入れ、西洋建築のヴォキャブラリーを効果的に使う。一文字だが、インパクトのあるデザインだ。両側の帯状装飾は、上層にパルメット、渦巻き、百合などの古典モチーフだが、デフォルメされて、丸みを帯びる。また下層は、2種類の百合のようなモチーフと花弁を交互に配置する。

上／日本橋三越のメダイヨン　下左／迎賓館赤坂離宮のメダイヨン
下右／サン・カルロ・アッレ・クワトロ・フォンターネ聖堂のメダイヨン

日本橋三越 正面ファサードの軒
帯状装飾

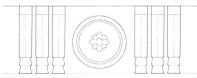

正面玄関上部の装飾

正面玄関

正面玄関のライオン像は、ロンドンのトラファルガー広場の獅子をモデルとしたもの。上部のエンタブレチュアは、トリグリフと花を配した円形のパテラが交互に並ぶ（p.012-013参照）。ただし、トリグリフはパネル化されず、断片化された状態である。その下の小さい正方形の連続は、デンティル（歯飾り）を模したと思われる。ただし、本来ならエンタブレチュアの上につくべき。ドアの上に単純化されたドリス式の小さな列柱があり（褐色と白を使用）、アーチの狭間（スパンドレル）に円形装飾を入れる。これはブルネレスキの建築を連想させる。

アーチの狭間の円形装飾（玄関奥の扉上部）

風除室の濃密なデザイン

正面玄関の風除室は、扉の上部にイオニア式の小さな柱頭が並ぶ。これはエキヌスを省略し、2つの渦巻きを結ぶ線が垂れ下がり、曲線の印象を強める。また花や渦巻き装飾を組み合わせた金色の柱頭は、コリント式の代わりのオリジナルか。柱頭上部の梁には、壺や渦巻きを使う装飾がある。モチーフ自体はめずらしくないが、中央と両側は渦の向きを逆にする細かい工夫に着目したい。

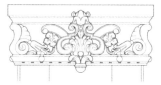

オリジナルデザインの柱頭

扉上部のイオニア式柱頭

古典的なモチーフ（壺や渦巻）を組み合わせた梁装飾

増築部のズレと調和

正面ファサードの三連窓をみると、左の増築部
分にはないが、右側は単純化されたドリス式の
柱頭を持つ小さいオーダーによって分節されて
いる。また付柱の柱頭を比較すると、右側は卵
鏃文様を変形させて上下を逆さにしたようなオ
リジナルのデザイン。左側の柱頭も、アーチ、
蕾、パルメットを組み合わせたオリジナルとし
つつ、右側との調和も意識している。

正面ファサード左側の付柱の柱頭

上部の三連窓の単純化されたドリス式柱頭　　　正面ファサード右側の付柱の柱頭

迫力ある内部空間

5層の吹抜けと大階段は、今なお迫力を感じさせる。1960年に据えられた巨大な天女像（まごころ）も、これだけの内部空間があるからこそ、引き立つ。また2018年、本館の1階は、隈研吾がアール・デコ調の植物モチーフを現代的に解釈し、「白く輝く森」をイメージした樹冠群がインテリアに加えられた。なお、外壁では金色の装飾に紛れ、山羊のモチーフも隠れている。持ち送りの先端だが、日本建築の象鼻が山羊に変わったと解釈できるかもしれない。

上／外壁の山羊モチーフ　下／本館
1階　右／5層の吹抜けと大階段

日本橋
1911 | 妻木頼黄（つまき よりなか）

和洋折衷というオリジナル

　江戸時代の木造による太鼓橋に対し、近代の象徴となった石造の二連のアーチ橋である。構造設計は樺島正義（かばしま）が担当した。デザインは「ルネサンス様式」とよく説明されるが、本場のヨーロッパからは絶対にそうはみえないはずで、実際は和洋折衷というべきだろう。明治期に建て替えをめぐって、西欧式にするか、和風にするか議論があり、細部を観察すると、意匠設計の妻木頼黄が積極的に両者を融合させたことがわかる。1964年の東京オリンピックにあわせ、羽田空港と都心を結ぶ首都高が上部に架けられ、明治の橋の上に昭和の橋があるという世界でも稀な風景が出現した。もっとも、今後、首都高は地下化される予定である。

水平線を強調する手摺子

日本橋の手摺子と、日本銀行の屋上にある高欄の手摺子（p.035）と比較しよう。かたちの輪郭線をみると、日本銀行は全体が丸みを帯び、下部がふっくらとした反転曲線になっているのに対し、日本橋はやや硬く、頂点を持つラインによっていったん分節され、曲線が切り替わる。その結果、断続的に水平線があらわれ、幾何学的な印象がより強められた。

右上／赤坂離宮の壷のような手摺子　右中／赤坂離宮の円筒と球を組み合わせたような手摺子　右下／サン・カルロ聖堂の上下が反転する手摺子

睨みをきかせた唐獅子彫刻

親柱には、睨みをきかせた唐獅子の彫刻が添えられる。中国伝来の獅子であり、日本では美術・工芸の素材として好まれ、建築空間では屏風や襖絵などに使われた。麒麟と獅子像は、彫刻家の渡辺長男が手がけた作品。ちなみに、パリのアレクサンドル3世橋の親柱では、女神像や金色のペガサスの彫刻が出迎える。

上／日本橋　下／パリのアレクサンドル3世橋

変形された擬宝珠

橋の端部をみると、伝統的な日本建築の装飾である擬宝珠が、小さな袖柱の頂部に使われている。江戸東京博物館の常設展示の入口では、木造の日本橋が実物大で復元されており、これと比較すると興味深い。やはり、擬宝珠が存在し、橋が石造になっても、このかたちを継承したことがうかがえる。ただし、日本橋では、手摺子と同様、やや硬く、幾何学的に処理された。

左／日本橋　右／江戸東京博物館に再現された日本橋

日本建築のモチーフ

首都高に挟まれた麒麟が立つ中心の柱、あるいはほかの柱も、頂部に格子
がある5つの丸い照明を支える台を持つ。台の下を観察すると、前者は斗栱
と木鼻、後者は蓮弁、くびれた曲線が上部に集合する格狭間が認められる。
これらはすべて伝統的な日本建築のモチーフだ。ただし、本来は橋に組み
込む装飾の要素ではないので、近代ならではの創作的な意匠ともいえる。

左／麒麟が立つ中心の柱の上部　右／中間地点にあるほかの低い柱

洋風のデザイン

歩行者の視点からはわかりにくいが、日本橋の下を船でくぐると、よくみえるのが、下部の二連のアーチである。これは洋風と呼べる構造とデザインだ。またアーチの最上部に要石という台形の大きな石のモチーフが入る。これらは組積造ならではの意匠であるが、アーチと要石の使用はルネサンス様式に限定されるものではない。なお、日本橋では要石に獅子の顔が装飾として付加されている。

上／柱の下の要石　右上／二連のアーチ　右下／アーチの頂部にある要石

第3章

現代への継承

　21世紀に入り、東京の各地で再開発が進行している。しかし、日本橋の周辺は、以前の風景と断絶するような他のエリアのプロジェクトと違い、大人の街として興味深い動きがある。やはり日本銀行本店本館（1896）や三井本館（1929）、あるいは日本橋三越本店本館（1927）や日本橋髙島屋本館（1933）など、古典主義を基調とする近代の様式建築が、街の要として、今も残っていることが大きいだろう。すなわち、日本橋では建築のレガシーに配慮しながら、新しいデザインが付加されている。

　百貨店として初めて国の重要文化財に指定された髙島屋は、本館を保存しつつ、2018年に隣接して、日本設計とプランテックが手がけた新館が誕生したが、本館のデザインをリスペクトし、装飾的な細部を省きながらも、軒の高さ、湾曲した角部を揃え、ファサードの構成を踏襲している。ぜひ、道路の反対側に渡って、双子のようにヴォリュームが並ぶ景観をみていただきたい。特筆すべきは、2つの建物のあいだの狭い車道を歩行者専用道路に変え、その上部にガラスの庇をかけたことである。また2018年、三越本店本館の1階では、隈研吾によって「白く輝く森」をイメージしたリノベーションが行われた。店舗を邪魔しないよう、柱群の上に、小さくカットされたアルミパネルを組み合わせた「樹冠」による新しい装飾が添えられた。

2010年、14年、19年と段階的に展開しているコレド室町の開発でも、外観は團紀彦が担当し、道路沿いのヴォリュームは、百尺（＝約31m）というかつての法規制による近代建築のスカイラインにあわせ、ファサードの立面構成に古典主義の列柱の感覚を反映させている。また外構も工夫を凝らし、時間帯によって歩行者専用となる仲通り、小さな神社と森、ガラスの庇が張りだす大屋根広場などがつくられた。シーザー・ペリが関わった日本橋三井タワー（2006）も、隣の三井本館にある巨大な列柱をエッチングでガラスに刻んだヒストリカル・ウォールを内部の吹抜けに設けている。また装飾的な細部はないが、円柱のモチーフも、三井本館を意識したものだろう。

　実は20世紀後半のビルも、過去との連続性を試みている。日建設計による日本橋御幸ビル（1975）は、一見V字型の変形敷地を生かしたモダンな建築だが、旧村井銀行（1913）の建て替えにあたって、部分的な保存を試みた。東北側の破風がある通用玄関は、もとの古典主義の南側の入口を取り付けたものである。また外周の3本の円柱も、装飾を排しているが、旧建築を意識している（再開発に伴い、解体予定）。日本橋髙島屋本館のはす向かいにある、坂倉建築研究所によるスターツ日本橋ビル（1989）は、ラディカルな部分保存に挑戦した。旧川崎銀行本店（1927）の断片の要素を自由に再構成しており、時代背景を踏まえると、ポストモダンのデザインの実践だろう。

　スクラップ・アンド・ビルドが激しく、すぐに過去の痕跡を消してしまう日本では、景観を継承するめずらしいタイプの開発が、日本橋の特徴といえるだろう。かといって、その統一的な連続性は、すべてがフィクションのテーマパークでもない。明治時代から昭和初期のいくつかの建築が実際に存在し、まちづくりの核となったからこそ、可能な都市開発なのである。

日本橋髙島屋S.C.新館

2018 ｜ 設計：日本設計・プランテック設計共同企業体／外装デザイン：
Skidmore, Owings & Merrill LLP（SOM）

本館のデザインをリスペクト

　2009年に百貨店として初めて国の重要文化財に指定さ
れた髙島屋本館（1933）を保存活用しつつ、隣接して新館
が誕生した。本館の意匠を強く意識し、装飾的な細部を省
きながらも、軒の高さ、湾曲した角部を揃え、ファサード
の構成を踏襲した。反対側の歩道から新旧の建築を眺める
と、類似した外観の構成を持つ両者が一体となって、新し
い環境を創造していることがよくわかるだろう。既存建築
を生かしながら、スペクタクル的な空間をつくるという意
味で、バロック的な再開発である。中心軸となる道路に
は、新館からガラスの庇をかけ、歩行者にやさしい空間を
設けている。また屋上や空中のブリッジのほか、地下のレ
ベルでも、両館を繋げ、立体的な回遊性を高めた。

右上／ガラスの庇（屋根に
みえるが、厳密には新館
から張り出した庇）　右下
／新館（左）と本館（右）

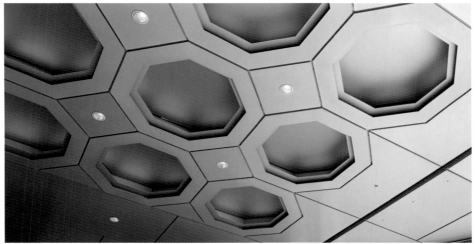

天井

新館の玄関を含む1階の天井は、八角形の格子を反復している。本館の天井でも格子パターンを使用しているが、特に玄関は矩形の隅部を斜めにカットしており、類似した八角形だ。日本建築ではあまり類例はないが、フォロ・ロマーノにおけるマクセンティウスのバシリカのヴォールト天井など、ヨーロッパでは古代から用いられたモチーフである。

上／本館　下／新館

本館のファサードと呼応

新旧の建物のあいだの狭い車道は、歩行者専用の「日本橋ガレリア」として
活用されている。ここは高さ40mのレベルで、約90m続くガラスの庇が架
けられた。新館の壁面は市松模様にパネルを配し、付柱（ピラスター）が並ぶ本
館のファサードと呼応している。なお、東館のファサードも、かなり抽象
化されているが、垂直材の反復によって古典的な感覚が表現された。

上／新館　下左／東館　下右／本館

スターツ日本橋ビル
（タカシマヤ ウオッチメゾン 東京・日本橋）

1989 | 坂倉建築研究所

再構成したポストモダン

　矢部又吉による旧川崎銀行本店（1927）の断片を、室内外において自由に再構成したポストモダン的なビルである。ポストモダンとは、過去の様式建築の装飾を拒否したモダニズムに対し、再び装飾や地域性などを復活させたデザイン運動のこと。設計の担当者、若松滋は、スターツ日本橋ビルについて、「都市文化の記憶装置としての機能を拒否するような勢いで変貌していく国際都市東京の中で、過去の時系列に属する時間を新しいかたちで混在させようとする試み」だと説明している。竣工した1989年は、日本のバブル期であり、しかもポストモダン建築の絶頂期と重なっていた。

柱頭と柱礎の分割線

正面に4本並ぶ、コリント式の
柱頭と柱礎に、それぞれ分割
線が認められる。これはオリ
ジナルの2階にあったジャイア
ント・オーダーを転用したも
のだが、独立した円柱ではな
く、付柱ゆえに、半分のヴォ
リュームしかないことを踏ま
え、2つ分を合体させることに
よって、完全なヴォリューム
に変えている。ただし、円形
断面の柱身は新規のものだと
思われる。

上／柱頭　下／柱礎

2階から1階に
位置を変えた手摺子

古典主義の規範を知っている
と、とても不思議なのが、正
面下部の両サイドである。す
なわち、腰壁、繰り型、開口
部、上下も対称の手摺子の位
置が妙に低いのだ。その理由
はオリジナルの2階にあった
パーツを地上に降ろし、1階の
外壁に象嵌したからである。
柱頭の操作と同様、原形を忠
実にとどめる通常の保存・修
復とは異なる、設計者の独自
性が強いデザインといえよう。

現代のマニエリスム的建築

エディキュラ（小祠）風の玄関
は、メダイヨンを再利用しつ
つ、もとの正面中央の1階を移
したもの。とすれば、オリジ
ナルの1階と2階が、建て替え
の結果、同じ地上レベルで共
存している。見方を変えると、
2階がずり落ちて、1階に重ね
合わせられており、期せずし
て現代におけるマニエリスム
的な建築になったと解釈でき
るだろう。

異なる場所で生きる建築

玄関風除室を横からみると、エディキュラは壁だけで、背後がガラスになっている。つまり、徹底的に表面を操作したデザインであることを隠さずに示す。全体的に遊び心があふれる建築だ。なお、旧川崎銀行のファサード左側角の壁は、明治村にも移築されている。つまり、ある意味で臓器移植のように、オリジナルの建築は異なる場所で生きながらえている。

上／玄関風除室　下／博物館明治村に移築された旧川崎銀行本店のファサード

上左／パラッツォ・デル・テ　下左／ジュリオ・ロマー
ノ自邸　右／ミケランジェロ 図書館前室

マニエリスムの逸脱とは何か

　かつて建築史家のジョン・サマーソン
は、古典主義をラテン語になぞらえ、「建
築の言語」と呼んだ。実際、古典主義は、
文法のように、個別の要素を構成する規則
をもつ。したがって、そのルールを事前に
知らないと、古典主義のおもしろさはわか
りにくい。以前、筆者が『磯崎新の建築談
義』（六耀社）のシリーズで議論した際、日
本では古典主義よりも、ゴシックやロマネ
スクの方が好まれるという話題になった。
なるほど、中世の様式の方が、予備知識な
しに楽しみやすい。が、逆にいうと、建築
のラテン語を学べば、もっと深く古典主義
を理解できる。ルネサンスの後期、16世
紀にあらわれた技巧的なデザインの傾向、
マニエリスムとは、まさに古典主義の規範
を逸脱する建築だった。

　ジュリオ・ロマーノによるパラッツォ・
デル・テは、普通の古典主義にみえるが、
細部を観察すると、破風（ペディメント）の中
心に亀裂が入り、フリーズの帯にあるトリ
グリフのパネルがその下のグッタエととも
にズレ落ちる。またロマーノの自邸では、
逆に玄関上の半楕円アーチが装飾帯を突き
上げ、破風状に折れ曲り、2階の窓枠は破
風と一体化しつつ、さらにアーチで囲む。
くどいデザインである。ミケランジェロの
ラウレンツィアーナの図書館前室は、わざ
わざ壁を凹ませた部分にペア・コラムを入
れ、さらに本来は上部にある持ち送りを柱
の下に配置した。彼は彫刻家としての感覚
から、古典主義を自由に再構成したのかも
しれない。かくして言語化することで、古
典主義の破調を確認できるが、正統を知ら
ないと、何が逸脱なのか判別できないのだ。

旧建築のレプリカとパーツ

8階はエレベーターを降りた目の前のロビーの天井に、
旧建築のレプリカである石膏レリーフを使う。また
屋上の中庭にある切断された柱型と柱頭は、旧建
築の2階のパーツを再利用したものだ。これらはか
つての役員室に面しており、重要な場であることを
表現する。さらに中庭の中心部には、当初、銀座稲
荷も置かれていた（現在は移設）。 ＊見学不可

左上／屋上から見上げる石壁　右上／8階ロビー天井　中
上／屋上中心部の見上げ　左下、右下／屋上中庭の列柱と
その背後

艶のある彫刻的な装飾

現在の1、2階の内装は、当初のものと異なるが、後で付加された楕円のモチーフなどはバロック的で興味深い。エレベーター上部の大理石の装飾、その向かいの柱上のブロンズ鋳物の照明は、ポストモダンの建築家、ハンス・ホラインのなまめかしい装飾を想起させる。また地下の階段は、ただ機能を満たすものではなく、彫刻的な芸術作品のようだ。　　　　　　　　　　＊見学不可

右ページ／地下階段　下／1階店舗階段　右上／柱上のブロンズ鋳物　左上／エレベーター上部 大理石の装飾

東京日本橋タワー
2015｜日建設計

髙島屋を意識したヴォリュームの構成

　日本橋二丁目地区の再開発で誕生した新築のオフィス・ビルである。全体の高さは約180mだが、外観は下部においてデザインを変え、ヴォリュームを分節している。基壇部は髙島屋の高さと同じく31mに揃え、抽象化された列柱のような意匠になっており、その上に高層の部分がのっているからだ。なお、分節している層のあたりで、免震構造を入れている。また上部は、格調高い日本銀行や日本橋など、石の建築を意識し、石貼りの格子によって重厚な雰囲気を与える。全体としては、ガラスをむき出しにしたツルピカのビルではなく、彫りの深い表情を持つ。

大屋根広場

地上レベルでは、ガラス屋根がある約1500㎡の広場を設けつつ、またそこからサンクンガーデンを通じて、地下広場にもアクセスし、東京メトロの日本橋駅に直結する。広場に面する和紙の老舗、榛原の新店舗は、3種類の型のレンガを組み合わせながら、伝統的な色硝子のパターンをファサードにおいて表現している。

左頁／下からの見上げ　右頁／榛原

日本橋御幸ビル

1975（現存せず、2020年解体）｜日建設計

随所に過去の残像

　1970年代は、日本の近代建築の保存が意識されるようになった時代だった。これは吉武長一が設計した古典主義の旧村井銀行（1913）の建て替えであり、ビルの随所に過去の残像を散りばめている。もっとも、中央通り沿いは、末広がりの不規則な敷地形状の短辺を反映した幾何学的なヴォリュームのみをみせる。また磁器質タイルにおおわれたヴォリュームは、南側からみると、ほとんど窓がない巨大な壁になっているため、ビルというよりは抽象的な彫刻のようだ。その結果、オフィスビルでありながら、モニュメンタルな存在感をもつ。11階建ての規模なので、日本橋川の対岸からも、首都高越しにみえる。

＊再開発に伴う解体により見学不可

旧建築の一部を作りなおす

ビルの北東側にまわり込むと、2
つの持ち送りに支えられ、三角
形の破風をのせた通用玄関があ
る。これは旧村井銀行の南西側
の基壇部にあった花崗岩による
入口の意匠を壁に組み込んだも
のだ。その際、楣水平材など、
オリジナルの一部をつくりなお
している。タイルの外壁が「地」
となって、「図」としての装飾的
な入口を際立たせている。

上／通用玄関　下／破風の見上げ

古典主義の記憶をとどめる

通用玄関の右手にある3本の列柱は、やはり旧建築を意識したものだ。頂部に柱頭はなく、無装飾だが、フロアをぶち抜いて、ずっと上まで伸びている。実際、旧村井銀行の北側ファサードには、5本のジャイアント・オーダーが並んでいた。また角柱ではなく、わざわざ円柱としていることで、抽象化しながらも、かつての古典主義の記憶をとどめる。

再利用された昔の装飾

10階レベルの屋上中庭では、旧建築の損傷がなかった丸っこい手摺子や円柱を再利用している。見下ろすと、自動車が行き交う首都高速が視界に入り、ダイナミックな都市風景が広がる。柱はもとの約2／5の長さに調整され、会議室のロビーから鑑賞できるオブジェとして据えられた。円柱は唐突に切断されており、下から突き抜けたようにもみえる。

独立したオブジェと化す

玄関ホールの吹抜けを見上げると、旧建築の北側立面にあった渦巻状の持ち送りが壁にとり付く。持ち送りは、支えるという視覚的な機能を失い、独立したオブジェと化した。超芸術のトマソン階段のようである。また東側の中庭では、磁気質タイルの壁に囲まれて、何も支えないコリント式の円柱が建つ。これは半円筒形の柱を2つ合体させており、内部はくり抜き、鋼管を入れている。

上／玄関ホール吹抜け　下2点／東側中庭

野村證券日本橋本社ビル

1930（2020年、再開発事業により解体着工。旧館は保存）|
安井武雄／安井建築設計事務所

三層で構成されたかつてのランドマーク

　首都高がない時代は対岸からもよくみえ、軍艦ビルとも
呼ばれ、日本橋のたもとにそびえるランドマークだった。
全体を三層構成でまとめつつ、低層は石、中層はタイルと
テラコッタ、上層はモルタルで仕上げ、ビルが単調になら
ないよう工夫されている。戦後の新館増築によって水平方
向に伸び、川沿いに長いビルになったが、再開発によって
旧館のみが残る予定。開口部のまわりも改修されており、
当初の装飾が減っている。

船のイメージを想起

クラシックな中層部は黒褐色によって落ち着いた印象を与える一方、上部の丸味をおびたモダンなヴォリュームは明るい白色とすることによって好対照をなし、互いに引き立てる。後者のデザインは、モダニズムがしばしば機能主義のモデルとして参照した船のイメージも想起させる。なお、日本橋川を船で移動すると、ビル低層部のファサードを間近に観察できる。

上／上部のヴォリューム　下2点／低い視点からみるビルの足元

日本橋三井タワー

2005 | シーザーペリ アンド アソシエーツ ジャパン(デザインアーキテクト)・日本設計

列柱の感覚を踏襲

　三井不動産が手がける日本橋再生計画としては、コレド日本橋(日本橋一丁目ビルディング)に続く第2弾のプロジェクトとして登場した。低層階にショップ・レストランと三井記念美術館への入口、中層階にオフィス、高層階にホテル(マンダリンオリエンタル東京)が入る巨大な複合施設である。向かいの歩道から観察すると、よくわかるが、低層部のファサードは、隣接する重要文化財の三井本館の軒高や壁面線などを揃えたほか、列柱の構成も踏襲している。逆にその上部はセットバックしつつ、ガラス張りのヴォリュームとし、圧迫感を後退させた。

新旧の円柱が呼応する三井本館（左）と日本橋三井タワー（右）

空間の連続性

装飾は排しているものの、巨大な円柱が
並ぶデザインは、エントランスホールの
高さ26mに及ぶアトリウムでも繰り返し
ており、やはり三井本館と呼応しながら、
空間の連続性を演出する。2階のオフィス
ロビーへと続くエスカレーター付近の上
部を見上げると、旧三井二号館から移設
したステンドグラスが天井に使われている。

2点とも／エントランスホール

ヒストリカル・ウォール

アトリウムの南端部で注目すべきは、天井にまで届く大きなガラスの壁だろう。これは三井本館の南側外壁に並ぶシンボリックな柱をガラスにエッチングしたヒストリカル・ウォールである。細部の装飾を省くことなく詳細に再現しており、1/1の図面を、オリジナルの建築の横に添えたかのようだ。またガラスからその背後の三井本館も透けてみえる。外部だった北側の壁は、屋内化されている。

2点とも／アトリウム

コレド室町1・2・3

2010 – 2014｜日本設計・團紀彦建築設計事務所（マスターアーキテクト・デザインアーキテクト）

高さ31mのスカイラインを揃える

　個別のビルがばらばらにふるまう開発になりがちな日本において、めずらしく複数のビルと街路を関係づける全体の統一感を実現したプロジェクトである。團紀彦がマスターアーキテクトを担当し、場所に合わせたデザインを調整したからだ。道路沿いの低層部は、近代の様式建築が当時の高さ制限によって生じた31m（＝100尺）のスカイラインにあわせて分節されている。また縦線を強調する立面の構成には古典主義の列柱の感覚が反映された。中央通りからは、コレド室町1とコレド室町3が並んでみえるが、少しだけ違いがある双子のビルのようだ。

神社や広場を整備する再開発

コレド室町の開発は、外構も工夫を凝らしている。例えばコレド室町2の北側は、浮世小路に沿って、赤い鳥居、神社、樹木のある広場「福徳の森」が整備された。福徳神社の歴史は、9世紀にさかのぼるが、戦後はビルの屋上に移設された時期もあり、今回の開発に際して、地上で再建された。法規上、木造を建設できないエリアのため、実際は鉄骨造だが、伝統技術を用い、正面に千鳥破風が付く入母屋造りの屋根をもつ木造神社の表現になっている。なお、地下には防災備蓄倉庫がある。またコレド室町2の上層部には、中庭を備えた集合住宅が入る。

背後につくられた日本的な街路

コレド室町の1と3は、中央通りを挟んで、日本橋三越本店と三井本館と対峙する。一方でコレド室町の1と2のあいだに設けられた仲通りは、西洋的な大きなスケール感とせず、日本的なストリートの感覚を生かしたユニークな場を生みだした。すなわち、和風の照明、繊細な格子、電線の地中化、石畳を整備しており、暖簾、行燈、江戸切子などのモチーフが発見できる。さらに通りに面した各店舗が、外側に向かっても開くようにデザインされた。通常、大規模施設の店舗は内部からのアクセスとなるが、仲通りは道路の歩行者に対して開放的な構えを持つ。

上／中央通り　下／仲通り

日本橋室町三井タワー
コレド室町テラス

2019 | ペリ クラーク ペリ アーキテクツ ジャパン (デザインアーキテクト)・日本設計

ガラスの大屋根広場を創出

　三井不動産によるコレド室町シリーズの最新プロジェクトであり、2019年9月にオープンした。やはり、31mの高さでいったんビルを分節し、景観に配慮する。列柱風のモチーフは、円柱ではなく、角柱もしくは細長い矩形のフレームとして解釈しうる意匠を採用した。大きな特徴は、ガラスの庇が張り出す大屋根の広場がつくられたことだろう。これはイベント会場としての活用はもちろん、災害時に帰宅困難者を収容することも想定している。広場は日本橋三井タワーの北側に面しており、2つのビルで挟むことによって、適度な囲まれ感のある空間が成立した。また広場を含む外構や、5階のスカイテラスなどにおいて積極的な緑化をめざしたことも注目される。2階は台湾の誠品生活が出店し、日本橋の文化や江戸をイメージしたインテリアは、姚仁喜がデザインしたものである。

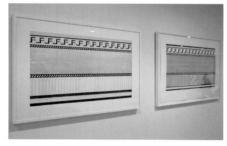

左上／セインズベリ・ウィング　左下／「オーダーとオーナメント」展　右／ドーリック南青山ビル

ポストモダンと古典主義

モダニズムは、機能主義を掲げ、様式建築を批判し、装飾を否定した。その後、モダニズムの批判的な乗り越えをめざしたのが、ポストモダンの建築である。その結果、モダニズムが切り捨てた地域、場所、装飾、歴史、物語、象徴、記号などの要素が見なおされた。代表的な論客、ロバート・ヴェンチューリは、様式建築を分析し、著作「建築の複合性と対立性」(1966)を発表した。彼はモダニズムの単純さを嫌い、古典主義の装飾を記号化しつつ、自作にとり込んだ。ヴェンチューリらは、ロンドンのナショナル・ギャラリーの横に増築したセインズベリ・ウィング(1991)を手がけた際、本体の古典主義を変形しつつ延長させる一方、隙間をつくり、ガラス面をみせることで、新しいファサードが書き割りであることを隠さない。

古典主義は、ポストモダンの時代にしばしば参照され、日本では磯崎新や隈研吾が大胆なサンプリングを試みている。後者はドーリック南青山ビル(1991)でドリス式、M2(1991)でイオニア式の円柱を肥大化させ、何も支えない独立柱とした（内部はエレベーター）。

ところで、ポップ・アートの画家ロイ・リキテンシュタインが、古典主義の装飾に興味を持っていたことはあまり知られていない。ホイットニー美術館の小企画展「オーダーとオーナメント」(2019-20)では、彼が特にエンタブレチュアの反復する要素に注目し、シリーズ化した作品を紹介している。また彼はニューヨークの様式建築を数多く撮影し、多くのスケッチも描いた。かつて漫画の1コマを拡大したように、古典主義は意味を剥奪されたカラフルな幾何学模様に変容している。

第4章 百貨店の建築展

　百貨店は物品の売買を行うためだけの施設ではない。趣味や生活全般に関する催事を開き、楽しさを提供する場としての役割を果たしてきた。日本橋髙島屋も開館当初から屋上庭園や8階大ホールを有し、様々なイヴェントが開催された。設計者の高橋貞太郎によれば、利用客にはまず1階エレベータで最上階の大ホールまで上がってもらい、催事を楽しんだ後、下階の売り場フロアへと向かうような動線計画を想定していたという。

　髙島屋の催事をひもとくと、高度経済成長期まで国内の美術館の数が限られていたこともあり、歴史的に重要な美術展や建築展も多数行われていたことがわかる。美術館と異なり、約1〜2週間ほどでイベントが切り替わる。その短期のサイクルのなかで、絵画、生け花、建築、住宅、家電製品、写真、陶芸、家具、レジャー、漫画、科学、グラフィックなどの多種多様の展示が繰り広げられた。玉石混交の空間とともに、髙島屋は固有の文化を培ってきたのである。

　このムーブメントがとくに高まりをみせたのが1950年

代である。次頁からの年表は、この期間とその前後に日本橋髙島屋で開催された展覧会のうち、建築、生活、文化に関するものを抽出したものである。

このうち、リビングや台所などの住空間を展示する取り組みは、開館当初から定期的に開催されてきた家具の陳列会やモデルルームの展示会の延長線上に位置づけられる。1955年以降は、団地での暮らしを想定したユニット式のキッチンが展示されるようにもなる。個別の商品だけでなく、実際と同じ大きさの住空間そのものをディスプレイすることで、来場客にライフスタイルの新たなかたちを伝えようとしていたことがうかがえる。

海外との連動企画の盛り上がりもこの時代の特徴だ。1956年にはミラノのリナシェンテ百貨店と提携を結び、同時期に日本とイタリアの両国で商品交換即売会を企画している。また1957年には、ミラノ・トリエンナーレに日本が初の正式参加するにあたり、海外での披露に先駆けてその出品物を公開する展示会が催された。ちなみに展示設計者には建築家の坂倉準三、丹下健三、清家清らが名前を連ねているが、他の催事でも建築家が会場構成を担うことがしばしばあった。

これらの催事が実際にはどのような空間で展開されていたのかを知るうえで重要なのが、1954年の増築（設計＝村野藤吾）で新設された8階文化センターの存在だ。ギャラリー、サロン、ホールの3つの空間からなるこの場所をフルに活用した展覧会のひとつに、「ル・コルビュジエ、レジエ、ペリアン三人展」（1955）がある。木造軸組でつくられた室内に、床座の生活を想定してデザインされた家具が配置され、柱間越しにタペストリーや絵画を鑑賞できるような構成となっている。髙島屋にちりばめられた数々の装飾と同様、この空間からは東西文化の豊かな混交がみてとれる。

1933〜1939

京都祇園祭展覧会 ❶
[1933年3月20日から8日間]
「京呉服の老舗」を印象づけることを企図して開催された催事。屋上に祇園月鉾を展観し、囃子方による祇園囃子が奏でられた

新製和家具陳列会 [1933年4月1日から7日間]

第1回東京高島屋創作洋家具展 [1933年]

巴里万国博覧会日本館出品物展示会 ❸
[1937年1月22日から6日間]
同年5月開催の巴里万国博覧会の国内展示会。同博には高島屋もモデルルームを出品。日本館を手がけた坂倉準三との関わりが生まれる契機となった

「サンマーハウス」屋上陳列 ❹
[1937年5月1日から46日間]
5坪造作付、600円の簡易組立式移動住宅の実物展示。6階の家具部では同住宅の予約注文受付を行った

思想戦展覧会 ❺
[1938年2月9日から18日間]

桑港万国博覧会日本館蚕糸部出品物展覧会
[1938年12月6日から2日間]

新設計洋家具展覧会 [1939年4月1日から5日間]

紐育桑港万国博写真展覧会
[1939年6月29日から3日間]

テレビジョン完成発表会 ❻
[1939年9月20日から8日間]

映画文化展覧会 ❼
[1939年10月1日から8日間]

1940〜1945

第2回貿易局工芸品輸出振興展
[1940年6月20日から8日間]
商工省貿易局主催。1939年秋開催の第1回展の会場は東京府商工奨励館だったが、「大衆の工芸品に対する関心を高める」ため、第2回展では日本橋高島屋に会場を移した

高島屋東京店竣工 ❷
[1933年3月]
建物名称「日本生命館」。懸賞設計競技（1930年）で一等入選した高橋貞太郎による設計。総面積＝27,500㎡。展覧会は主に8階で開催されていた。8階はサロン、催場、ステージ付きのホールからなり、展示の規模によっては催場とホールを一体的に使用することもあった

ホール内観

国家総動員法 [1938年5月施行]

「高島屋工作所」設立（大阪）
[1939年6月]

1937年からの増築工事の中断
[1939年]
高橋貞太郎による設計。地下1、2階のみ完成

第二次世界大戦勃発 [1939年]

価格統制令 [1939年10月]

日本橋髙島屋の展覧会	日本橋髙島屋の出来事	社会一般、デザイン関連

紀元2600年記念 全日本新興代用品展覧会
[1940年7月2日から13日間]

新時代洋家具展[1941年3月18日から6日間]

ペリアン女史 日本創作品展覧会2601年住宅内部装備への一示唆 選択 傳統 創造 ⑧
[1941年3月27日から11日間]
商工省貿易局後援。会場構成はシャルロット・ペリアンと坂倉準三が手がけた。1955年の「芸術の綜合への提案」は本展の第2回展と位置づけて論じられることもある

国民生活用品展覧会[1941年10月9日から10日間]**⑨**
商工省主催。催場とホールの両方を使用した。ホールにはモデル・ハウスを展示

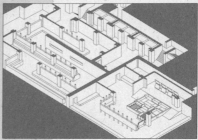

南方建築展／第16回建築展
[1942年11月3日から6日間]
建築学会主催、情報局後援。東南アジアの宗教建築や民家の写真を中心に展示したほか、建築学会主催の設計競技「大東亜建設記念営造計画」の優秀作品も出陳。なお同コンペの一等案は丹下健三によるもの

新生活用品展[1942年11月18日から10日間]

戦時生活展[1943年1月5日から13日間]

東京大空襲により別館を一部焼失するも本館は延焼を免れる
[1945年3月10日]

金属供出[1945年5月]

終戦[1945年8月]

1946～1949

接収を受けず営業継続[1946年]

日本国憲法施行[1947年5月]

家庭用品機械器具新製優良品第1回展示会
[1947年5月1日から16日間]

百貨店法廃止[1947年12月]

木材文化展[1947年11月29日から15日間]

日本デパートメントストア協会設立
[1948年3月]

輸出向織物製品展[1948年6月2日から13日間]

新設計発表第1回天童木工
新製品洋家具即売展[1948年9月4日から11日間]

スタイライズドシルクフェア ⑩
[1949年4月29日から13日間]

アメリカ向輸出絹製品展示即売会
[1949年5月12日から26日間]

EB（エクスポート・バザー）開設。
輸出用繊維製品をドル貸で販売
[1949年6月]

1950

屋上にタイのインド象「髙子」がお目見え。1954年5月に上野動物園に寄贈[5月] ⑪

エレベーター使用復活[6月]

日本橋髙島屋の展覧会	日本橋髙島屋の出来事	社会一般、デザイン関連
	OSS（オーバーシーズ・サプライ・ストア）開設。日用品や食料品をドル貸で販売[6月] 全館冷房復活[8月]	

天童木工展覧会（創立10周年記念展示会）

屋上にネオン看板設置 ／ 朝鮮特需

1951

サロン・ド・メェ日本展[2月13日から30日間] ⑫
丹下健三による会場構成。什器にアルミのフレーム材を用いて絵画作品を浮かばせ、透明度の高い空間をつくりだした

第一次増築起工。戦前の増築計画を引き継ぐかたちで実施[5月]
この年の展覧会は6階で開催

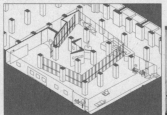

大ピカソ展[11月6日から20日間]

日本宣伝美術会発足[6月]

サンフランシスコ講和条約調印[9月]

新日本感覚の建築美術展
[11月27日から6日間]⑬
毎日新聞社主催。吉田五十八による3つのモデルルームを展示。四角いプランの会場に対して斜めに軸を振った空間を挿入

神奈川県立近代美術館開館[11月]

博物館法公布[12月]

髙島屋百選会

1952

1952年サロン・ド・メェ出品作発表展
[1月10日から9日間]

EBとOSSを一般顧客に公開[1月]

パリモード展[3月11日から6日間]

電気文化展[3月18日から6日間]

現代工芸美術展覧会[5月14日から9日間]

アントニン・レイモンド建築設計事務所工芸作品展⑯
[5月27日から6日間]

第一次増築竣工[4月]⑭⑮
村野藤吾による設計（設計顧問は髙橋貞太郎）。エレベータを増設しキャリア式冷暖房機を導入。壁面にガラスブロックを使用。また地下連絡通路では、床のデザインを坂倉準三が、壁面のタイル画を岡本太郎がそれぞれ手がけた。総面積＝40,890㎡

新感覚の家具調度展⑰
[5月27日から6日間]
富家宏泰が会場構成を担当。大阪店からの巡回展を上述のレイモンド展とあわせるかたちで企画

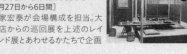

EB閉鎖[7月]

大仏開眼千二百年記念 東大寺名宝展
[8月2日から23日間]

「バラ」の包装紙の採用[9月]

日本橋髙島屋の展覧会	日本橋髙島屋の出来事	社会一般、デザイン関連
カラーテレビ初公開[11月20日から7日間]		
髙島屋家具展		
髙匠会 洋家具新作発表会		**国立近代美術館開館**[12月]

1953

		シャルロット・ペリアン再来日[5月]
		第6回カナダ国際見本市[6月]
		日本ブースにて産業工芸試験所の設計によるショウルームが展示
	第二次増築起工[6月]	

	OSS廃止[8月]	
	岡本太郎、ショーウィンドウのディスプレイを制作[8月] 	
勅使河原蒼風個展[10月15日から11日間] ⑲		国際デザインコミッティー(現・日本デザインコミッティー)設立[10月]
	第二次増築第一期竣工[11月]	

1954

新しい婦人生活のための台所文化展 [4月13日から6日間]	2つのモダンリビング展(大阪店) [4月13日から6日間]	

	スタイルマート開設	
	第二次増築第二期竣工[4月]⑳	
	屋上に象の髙子をモチーフとした塔屋と煙突が新設。総面積=48,358㎡	
	8階に文化センター新設[4月]	

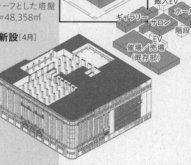

ホール、ギャラリー、サロンの3つの空間からなる。以降、展覧会や文化催事など多岐にわたるイヴェントが開催

横山大観富嶽名作展[5月1日から9日間]㉑		
朝日新聞社主催、東京国立博物館後援。文化センターの完成記念展		
ロバート・キャパとマグナム・フォト写真展 [5月11日から6日間]		
東芝製品綜合展示によるあすをひらく電気科学展 [5月23日から8日間]		
スティンドグラスとベネシヤングラス展 [6月15日から6日間]	東京店7階に医務室、理髪室、図書室。6階に500人収容の職員食堂設置[5月]	ワルター・グロピウス来日[5月]
富本憲吉 河井寛次郎 浜田庄司 バーナード・リーチ四人展[6月29日から6日間]		ニューヨーク近代美術館で「日本家屋展」開催[6月]
		中庭に吉村順三設計による書院造の「松風荘」が展示

婦人画報50年記念 すみよいすまいのデザイン モダン・リヴィング展[9月14日から6日間]㉒
婦人画報社主催。池辺陽、清家清、渡辺力らが設計したモデルルームや家具などが展示

日本橋高島屋の展覧会

モデル分譲住宅展［10月26日から6日間］

洋家具展

高匠会

1955

土門拳第1回写真展［1月25日から6日間］

勅使河原蒼風展［2月3日から11日間］
展示テーマ「建築のためのいけばな」

小原豊雲個展［3月13日から8日間］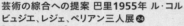
会場構成を清家清が担当した生け花の展覧会。京都御所にある清涼殿の部戸をモチーフにした展示台を会場の中心に据えたシンプルなデザインが特徴。また図録には清家の顔写真とコメントも掲載された

芸術の綜合への提案 巴里1955年 ル・コルビュジエ、レジェ、ペリアン三人展
［4月1日から10日間］
産業経済新聞社主催、外務省・通産省・文部省・フランス大使館後援

第13回高匠会 55年新作洋家具発表会
［5月12日から4日間］
新古典調とモダンデザインの新作洋家具を17室のモデルルームに展示

グラフィック55展［10月25日から6日間］

時代仕上和家具陳列会

1956

勅使河原蒼風展［3月1日から11日間］

ザ・ファミリー・オブ・マン写真展［3月20日から27日間］
日本経済新聞社・ニューヨーク近代美術館・USIS主催。500枚以上の写真が展示。昭和天皇が鑑賞した際、主催サイドの判断により、山端康介による長崎の写真がカーテンで覆われ、物議を醸した。なお同展の会場構成は丹下健三研究室が担当。ニューヨーク近代美術館での会場デザインには無い独自の要素として、円環状の展示什器を導入

モダンリビング展［5月19日から12日間］

現代芸術研究所・プリント服地デザイン展
［6月12日から5日間］

日本橋高島屋の出来事

屋上にタカシマヤプレイランド開場［5月］
観覧車や乗り物コーナーを設置

紳士服サロン開設［6月］

輸出入部を設置［4月］

大阪店にて第1回シャンブルシャルマント（＝魅力ある部屋）展が開催。以後各店で開催［6月］

社会一般、デザイン関連

サンパウロ市創生400年祭の日本館が完成。設計は堀口捨己、現場管理を大江宏が担当

神武景気

スウェーデン国際建築意匠展［6月］

日本住宅公団設立［7月］

コンラッド・ワックスマン来日［10月］

ル・コルビュジエ来日［11月］

松屋銀座にグッド・デザインコーナー開設［11月］

『新建築』誌上で伝統論争が展開

百貨店法成立公布［5月］

ヴェネツィア・ビエンナーレ日本館開館［6月］ 設計は吉阪隆正

第1回工業デザイン・アメリカ視察団派遣［6月］

日本橋高島屋の展覧会	日本橋高島屋の出来事	社会一般、デザイン関連

ザ・ファミリー・オブ・マン写真展（再展示）[7月]

イタリアンフェア[10月13日から9日間]
戦後初の外国商品展として開催。リナ
シェンテ百貨店との提携企画。本展を
皮切りに、日本および欧米各国の百貨
店間の商品交換即売展が流行した

世界・今日の美術展[11月13日から13日間]
朝日新聞社主催、現代芸術研究所・国際アートクラブ協賛。
フランスを中心とした前衛芸術運動「アンフォルメル」が日本
に紹介された初の機会として知られる。会場構成は清家清
が担当。湾曲した煉瓦壁で空間を分節しているのが特徴

国際主観主義写真展[12月11日から6日間]

1957

楽しい楽しいトイランド展[1月5日から9日間]

**第1回米国世界見本市出品モデルルー
ム国内展示会**[2月5日から6日間] ㉙
財団法人海外貿易振興会主催。会場デザイン
は産業工芸試験所が担う

自由学園美術工芸展[2月12日から6日間]

第11回ミラノ・トリエンナーレ国内展示会
[3月19日から6日間] ㉚
トリエンナーレ実行委員会、国際文化振興会共
催。外務省後援。会場設計は坂倉準三、丹下健
三、清家清の三者が携わった

河井寛次郎陶業40年展[4月9日から6日間]

「決定的瞬間」カルチエ・ブレッソン写真展
[4月17日から19日間]

桃山障壁画名作展[5月28日から13日間]

台所から生れる生活展[7月9日から13日間]

日宣美展[8月20日から6日間]

シャンブルシャルマント展[11月12日から6日間]

アジア・アフリカ美術展覧会[12月5日から11日間]

第15回高匠会

1958

フランスフェア[2月]
日仏商品交換展として企画された催事

美術部50年記念現代作家美術展覧会工芸展
[2月18日から41日間]

**ミラノのリナシェンテ百貨店にて
日本フェア開催**[10月] ㉗ ㉘
国際デザイン協会を通じて高島屋に申
し出られた企画。日本橋店のイタリアン
フェアとともに、日伊両国のグッドデザイ
ンの交換を目的に開催。吉阪隆正が展
示協力に携わった

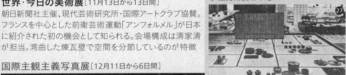

Gマーク制度（グッドデザイン商品
選定事業）の開始[2月]

地階にコーヒースタンド開設[3月] ㉛
ギフトコーナー新設[3月]

本館北側に北別館完成[6月]

地階に軽食堂開設[10月]

映画『女であること』公開[1月] ㉜
監督＝川島雄三、原作＝川端康成。屋
上がロケ地となる

北京のソ連展覧館で日本商品展
覧会が開催[10月]

第11回ミラノ・トリエンナーレ開催
[7月]

日本国際デザイン協会設立[10月]

チャールズ・イームズ来日[12月]

NHK、カラーテレビの実験放送局
を開局する[12月]

日本橋髙島屋の展覧会	日本橋髙島屋の出来事	社会一般、デザイン関連

チャイニーズフェア[2月25日から13日間] ③

4半世紀の世界ライフ
写真家傑作展[4月1日から13日間]

第2回台所から生れる生活展[7月]

1階にトラベラーズ・コーナー
新設[10月]
ニューヨーク店開店[10月] ③④
設計は吉村順三

3階に喫茶室を開設[11月]
外国貨幣両替所を開設[11月]

バックミンスター・フラー、国際文
化会館にて講演会[3月]

ブリュッセル万国博覧会開催[4月]

岩戸景気始まる[7月]

東京タワー竣工[12月]

自由学園工芸研究所作品展[11月11日から6日間]

1959

鹿島建設創業120年記念展エネルギーと建設
[3月17日から6日間]

ローマ古代美術展覧会[8月18日から13日間]

写真による世界の建築と美術の綜合展
[8月25日から6日間]

シャンブルシャルマント展[10月6日から6日間]

文化財保護法10周年記念 日本彫刻名宝展
[10月18日から13日間]

メキシカンフェア（メキシコ民芸展）
[10月20日から6日間]
写真家・三木淳によるメキシコの写真展も同時開催

中村岳陵制作 四天王寺金堂大壁画展
[11月8日から6日間]

アメリカに行く日本手工芸国内展
[11月10日から6日間]

グッドデザインコーナーを新設
（大阪店）

ロジエコーナー新設[6月]

桂離宮展（大阪店）③⑤
[9月23日から12日間]

髙島屋テレビステーション開設[11月]
婦人服サロン新設[11月]
屋上にスキー滑降台を特設[11月]

マスコット人形「ハッピーちゃん」
（後の「ローズちゃん」）登場

ピエール・カルダンとライセンス契約

メートル法実施[1月]

国立西洋美術館開館[6月]

ディスプレイ・デザイナー協会設立
[8月]

世界デザイン会議の準備委員会が
発足[10月]

株式会社日本デザインセンターが
設立登記[12月]

1960

第12回ミラノ・トリエンナーレ国内展示会 ③⑥
[4月19日から6日間]

日本の伝統工芸展[5月12日から4日間]

ラ・リナシェンテ ゴールデンコンパス賞写真展
[5月17日から6日間]

エスカレータ新設[1960年4月] ③⑦

美智子皇太子妃が
男子（浩宮徳仁）を出産[2月]

世界デザイン会議[5月]
各百貨店で関連展覧会が開催

日本橋髙島屋の展覧会	日本橋髙島屋の出来事	社会一般、デザイン関連

家庭生活展覧会[8月23日から6日間]

第2回フランスフェア[10月]

第2回イタリアンフェア[11月22日から6日間]❸
・リナシェンテ百貨店と髙島屋による商品交換展

NHKおよび民放4社にて
カラーテレビ本放送開始[9月]

1961

イタリア現代彫刻展[1月17日から13日間]

ⅠAⅠデザイン展[1月31日から6日間]❸
産業工芸試験所の展示会。会場設計の特徴として、8階
サロンとホールをつなげるように壁面をデザインしたこと
が挙げられる

具体美術第10回展[5月2日から6日間]

中南米探検隊報告マヤ文化展❹
[6月20日から6日間]
＊早稲田大学中央アメリカ探査隊の報告展。マヤ文化の
写真や出品品が展示。同探査には建築家の鈴木恂、写真
家の二川幸夫が同行していた

国内線にジェット機初就航[9月]

北欧商品即売展[9月19日から6日間]

1962

創業130周年を迎える[11月]

民家を主とした向井潤吉個展[5月22日から6日間]

「建築家の眼」徳永正三欧米建築写真展
[5月29日から6日間]

ブリティッシュ・フェア[6月]

「フレンドシップ7」のカプセル
日本公開[7月26日から4日間]❹
アメリカ初の宇宙飛行に使用された宇
宙船の展示会。入場者は50万人を突破

1963

第三次増築竣工[9月]
東仲通りまで拡張し、2本の塔が建つ
外観が出現。売場が大幅変更。
総面積＝66,436㎡

'63日本輸出デザイン展[10月1日から6日間]

1964

輸出高級雑貨家庭用品
ピックアップセール
[1月21日から6日間]

第1回ディスプレイデザイン展
[8月18日から6日間]❹

東京オリンピック開幕[10月]

1965

北欧家具展[6月22日から6日間]

フランス近代絵画の流れ フォーブ60年展
[9月7日から20日間]

第四次増築竣工[10月]
一街区全体を覆う大店舗の完成。百貨
店で初となる屋上駐車場を設置。美術
部画廊を新装開廊。
総面積＝77,875.107㎡

年表作成
東北大学五十嵐太郎研究室／菊地尊也

参考文献
『髙島屋美術部五十年史』髙島屋、1960
『髙島屋百三十五年史』髙島屋、1968
『髙島屋百五十年史』髙島屋、1982
『髙島屋工作所五十年史』髙島屋工作所、1989
『髙島屋東京店建造物歴史調査報告書』髙島屋、2010
『髙島屋美術部百年史』髙島屋、2013
『「暮らしと美術と髙島屋」展』世田谷美術館、2013
『おかげにて135』髙島屋スペースクリエイツ、2014

図版引用リスト
01 『髙島屋百三十五年史』1968
02 『髙島屋百三十五年史』1968
03 『おかげにて135』2014
04 『簡易組立式サンマーハウス御案内』1937
05 『思想戦展覧会記録図鑑』1938年
06 『無線資料』1939年11月号
07 『映画文化展覧会記録』1940
08 『新建築』1941年5月号
09 『新建築』1941年11月号
10 『髙島屋百三十五年史』1968
11 『髙島屋百三十五年史』1968
12 『国際建築』1951年9月号
13 『国際建築』1952年1月号
14 『髙島屋百三十五年史』1968
15 『建設情報』1952年8月号
16 『建築文化』1952年7月号
17 『建築文化』1952年7月号
18 『DISPLAY DESIGN IN JAPAN1ショーウインドウ』1991
19 『美術手帖』1953年12月号
20 『お歳暮のしおり』髙島屋、1957
21 『芸術新潮』1954年7月号
22 『モダンリビング第9集』1954
23 『毎日新聞夕刊』1955年3月15日
24 『おかげにて135』2014
25 『デザイン大系月報 No.5』1956
26 『国際建築』1956年12月号
27 『国際建築』1956年12月号
28 『国際建築』1956年12月号
29 『工芸ニュース』1957年3月号
30 『建築文化』1957年5月号
31 『建築写真文庫（99）』彰国社、1960
32 『女であること』（DVD）
33 『髙島屋百三十五年史』1968
34 『新建築』1959年1月号
35 『髙島屋百三十五年史』1968
36 『工芸ニュース』1960年4〜7月号
37 『髙島屋百三十五年史』1968年
38 『インテリア』1961年1月号
39 『インテリア』1961年3月号
40 『民藝』1961年8月号
41 『髙島屋百三十五年史』1968
42 『調査と技術』1964年10月号

日本橋髙島屋 催事展覧会図録

「選擇・傳統・創造 日本芸術との接触」
(1941年) 所蔵：髙島屋史料館

「小原豊雲いけばな展」
（1955年）所蔵：髙島屋史料館

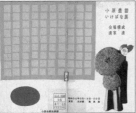

「ル・コルビュジエ、
レジエ、ペリアン 三人展」
（1955年）所蔵：髙島屋史料館

「ザ・ファミリー・オブ・マン写真展」アルバム
（1956年）所蔵：髙島屋史料館

　本書は髙島屋史料館TOKYOで開催された「装飾をひも
とく」展を書籍化したものである。もっとも、監修を依頼
されたとき、ほとんど準備期間がなかった。そこで資料を
収集するタイプの展示ではなく、すでにあるものを活用で
きる方法は何かと考え、髙島屋の建築と日本橋の環境を徹
底的に利用することにした。以前から、髙島屋の細部装飾
がおもしろいと思っていたので、打ち合わせの際、じっく
りと外観と館内をまわり、これならいけそうだと確信し、
狭い会場だが、その立地を生かすことにした。すなわち、
会場の外に出ると、オリジナルの建築群がいっぱいあるわ
けで、それを観察するための展示と位置づけたのである。
ここから必然的にマップの配布が決まり、エリアはシンプ
ルに中央通り沿いとし、表面に位置関係と近現代建築の概
要を（グラフィックは菊池奈々）、裏面に装飾の解説（イラスト
の作画は周穎琦）を入れることにした。なお、会場の建築模
型は、すでに解体され、街には存在しない旧帝国製麻だけ
であり、それ以外の紹介された建築はすべて街を歩けば、
実物をみることができる。建築展は、美術展と違い、実物
を展示できないというジレンマを抱えているが、この形式
ならば、鑑賞者のストレスにならないだろう。
　展示の担当は、以下の通り。第1章「様式の受容」は、
西洋の古典主義建築に詳しい菅野裕子。ちなみに、この
パートでは、日本銀行とダブリンの国立図書館の類似が初
めて指摘されたという意味でも興味深い。第2章「和風の
融合」と第3章「現代への継承」は、五十嵐が担当してい
る。第4章「百貨店の建築展」は、百貨店の展覧会を研究
する菊地尊也が年表をつくり、彼の監修によって、坂倉準
三がデザインした「巴里1955年：芸術の綜合への提案

――ル・コルビュジエ・レジェ・ペリアン三人」展（1955年）の会場模型を東北大の五十嵐研が制作した。

　さて、これが本当の狙いなのだが、以前から筆者は、近代建築の展覧会やガイドブックが、しばしば〜様式という説明で終わり、むしろ建築家の人間エピソードが多いので、そうではない見せ方ができるのでは、と考えていた。つまり、モノそのものに語らせる展示ができるのではないか、と。実際、様式のラベルをはることで、思考停止してしまうというか、世間に流通している説明も誤用が多く認められる。そこで十分な数の写真を使いながら、様式の向こう側にある細部を、本場の建築と比較しながら、高い解像度で観察し、装飾から考えること。美術史ならば、「ディスクリプション」という作品記述にあたるものだが、日本近代の様式建築ではあまりそれが十分になされていないと思ったのが、企画の意図だった。

　とはいえ、ここまで極端に細部にフォーカスして、どうなるかと思っていたのだが、フタを開けてみると、むしろそれをおもしろがる人が多いことが判明した。実際、受付で図録を販売していないのかと質問する来場者も少なくなかったという。既存の解説で満足せず、もっと詳しく様式建築を知りたい人たちの声に支えられて、本書は誕生した。

　最後に展覧会を担当した学芸員の海老名熱実、会期中の書籍化を実現に導いた青幻舎の楠田博子、素早く編集を進めてくれた今井章博、カッコよくデザインしてくれた松田行正、倉橋弘の各氏、ならびに展示に協力した研究室の学生に謝意を表したい。ありがとうございます。

五十嵐太郎

五十嵐太郎（いがらし・たろう）　1967年生まれ。東北大学大学院工学研究科教授。ヴェネツィア・ビエンナーレ国際建築展2008の日本館コミッショナー、あいちトリエンナーレ2013の芸術監督、「インポッシブル・アーキテクチャー」展などの監修などをつとめる。2014年の芸術選奨新人賞を受賞。『日本建築入門』（筑摩書房、2016年）、『建築の東京』（みすず書房、2020年）など、著書多数。

菅野裕子（すげの・ゆうこ）　横浜生まれ。横浜国立大学大学院都市イノベーション研究院特別研究教員。博士（工学）。西洋建築史専攻。1991年横浜国立大学工学部建設学科卒、1993年同大学院修了、2006－07年フィレンツェ大学建築学部客員研究員。著書に『建築と音楽』（共著、NTT出版、2008年）、『14歳からのケンチク学』（共著、彰国社、2015年）他。

監修・執筆　五十嵐太郎、菅野裕子、菊地尊也
協　　　力　髙島屋史料館TOKYO、海老名熱実
デザイン　松田行正十倉橋弘（株式会社マツダオフィス）
編　　　集　今井章博（スタイル株式会社）
　　　　　　　楠田博子（青幻舎）

＊執筆
第1章（p.025、053を除く）は菅野裕子、第1章のp.025、053・第2章・第3章は五十嵐太郎、第4章・年表は菊地尊也が担当した。

＊図版クレジット
本書で使用しているクレジット表記のない写真については、全て五十嵐太郎、菅野裕子の撮影によるものである（p.024 アイルランド国立図書館・博物館はCC）。第1章の一部画像については、株式会社パオス・クリエイションがデザインした展示パネルをもとにしている。また、クレジット表記のない建築細部装飾のイラストは、全て周穎琦によるものである。

p.008 日本銀行本店本館　日本銀行貨幣博物館
p.015、019『辰野金吾滞欧野帳』辰野家、東京大学経済学図書館
p.029 ベルギー国立銀行（ブリュッセル）　関口かをり

装飾をひもとく 日本橋の建築・再発見

発 行 日　2021年1月18日　初版発行

著　　者　五十嵐太郎、菅野裕子
発 行 者　安田英樹
発 行 所　株式会社青幻舎
　　　　　　〒604-8136 京都市中京区梅忠町9-1
　　　　　　TEL 075-252-6766　FAX 075-252-6770

印刷・製本　株式会社シナノパブリッシングプレス